デジタルアーカイブ・ベーシックス

②

災害記録を未来に活かす

今村文彦［監修］
鈴木親彦［責任編集］

勉誠出版

［編集委員長］

柳与志夫
東京大学

［編集委員］

嘉村哲郎
東京藝術大学

鈴木親彦
ROIS-DS　人文学オープンデータ共同利用センター

数藤雅彦
弁護士

中川紗央里
国立国会図書館

中村覚
東京大学

久永一郎
大日本印刷㈱

第10章　記憶の解凍｜渡邉英徳論文　カラー図版

図2　「呉からみたきのこ雲」の元写真・カラー化写真

図21　「呉からみた広島原爆のきのこ雲」（尾木正己）の元写真・カラー化写真

図22 「1908年の日本」(Arnold Genthe) の元写真・カラー化写真

図23 「1914〜18年の日本」(Elstner Hilton: A.Davey 提供) の元写真・カラー化写真

図24 炎上する呉の街 (「呉戦災を記録する会」ウェブサイト より) の元写真・カラー化写真

図25　カラー化写真シェア時のルール

図26　元ツイートの例

図29　写真家による「着彩写真」の例

(3)

図30 「ヒロシマ・アーカイブ」における白黒写真・カラー化写真の切り換え

図32 戦前の広島の家族（濱井徳三氏提供）の元写真・カラー化

図33 戦前の広島の家族（高橋久氏提供）：元写真・カラー化・色補正のバリエーション

[もくじ]

口絵（第10章　記憶の解凍｜渡邉英徳論文　カラー図版）……(1)

[序　論]
震災・災害デジタルアーカイブの今日的意義
——新しい防災文化の創生を目指して……004
今村文彦

第1部 ………… 震災・災害の記録を残すことの意義と目的

[第1章]
震災・災害アーカイブの役割と歴史的変遷と現状……017
柴山明寛

[第2章]
放送局による東日本大震災アーカイブの意義
——NHK東日本大震災アーカイブスを事例に……036
宮本聖二

[第3章]
震災の記録を横断する
——国立国会図書館東日本大震災アーカイブ（ひなぎく）の意義と課題……063
伊東敦子・前田紘志

第2部 ……復興に向けて人々の声、地域の歴史を残す

[第 4 章]

Voices from Tohoku
──from a digital archive of oral narratives to scientific application in disaster
　　risk reduction……089
（東北からの声──口承記録デジタルアーカイブから防災・減災のためのアプリケーションへ）

Flavia Fulco（フラヴィア・フルコ）

Robin O'Day（ロビン・オデイ）

David H. Slater（デビッド・スレイター）

[第 5 章]

「命の軌跡」は訴える
──東日本大震災、地方紙とデジタルアーカイブ……116
鹿糠敏和

[第 6 章]

市民の力で地震史料をテキスト化「みんなで翻刻」……142
橋本雄太

第 **3** 部 ……………… **未来のためのデジタルアーカイブ**
——震災・災害情報の利活用

[第 7 章]
災害の非可逆性とアーカイブの精神
——デジタル台風・東日本大震災デジタルアーカイブ・
　メモリーグラフの教訓……169
北本朝展

[第 8 章]
歴史地震研究と日記史料有感地震データベース……198
西山昭仁

[第 9 章]
防災科学技術研究所の災害資料とデジタルアーカイブ
——自然災害資料の収集・整理・発信……214
三浦伸也・鈴木比奈子

[第 10 章]
記憶の解凍
——資料の"フロー"化とコミュニケーションの創発による記憶の継承……241
渡邉英徳

あとがき……267
鈴木親彦

執筆者一覧……269

Digital Archive Basics ②

災害記録を未来に活かす

序 論

震災・災害デジタルアーカイブの今日的意義

新しい防災文化の創生を目指して

今村文彦

1 伝承の意義とアーカイブという新しい防災創生

1-1 我が国の災害文化と伝承

日本は過去においても多くの自然災害等を経験する中で、当時の経験や教訓を後世に伝えていこうという伝承文化があり、今日でも各地域で受け継がれ、我が国の防災における大きな柱となっている。例えば、「いなむらの火」や「津波てんでんこ」などのような物語や口承、鎮魂祭などの祭事、モニュメントや施設の建立などを通じて伝承されている。さらには、広島平和記念公園、阪神淡路大震災の記念施設や中越地震のメモリアル回廊のように新しい施設に加えて組織も立ち上がり、防災・減災の活動にも広く関わり合い、国際的にも連携した取組みがある。すでに、過去の経験だけを伝える伝承から、新しい活動を取り入れるものへと進化していると言える。

一般に伝承とは、ある集団の中で古くからあるしきたり・信仰・風習・言い伝えなどを受け継いで後世に伝えていくことであり、そのようにして伝えられた事柄になる。さらに、時代の変化の中で、伝承のあり方や意義も変貌

しており、伝承が古くからのものをそのまま後世に伝えていくことに加えて、現状も踏まえ新しいことに挑戦し革新していく要素も必要である。なぜならば、東日本大震災の発生した当時、津波被災地に残された石碑やモニュメントの存在が報告されたが、地域でどこまでその意義が共有されていたのかという問題が取り上げられていた。語り継ぐ内容や方法が固定されると、現在のコミュニケーションの変化により、その伝わり方にも限界もあることが認識された。

さらに、2011年の東日本大震災以降にも各地で自然災害が発生し、過去だけでなく現在の教訓も伝え切れていない現状がある。だれが、だれに、何を、どのように、伝えていくのか、さらに必要な記憶と記録を整理し、そこから何を誰が、どのように誰に伝えていくのか考え直さなければならない。そこでは、アーカイブの役割が重要となっていると思われる。

1-2　災害を伝える資料

震災・災害の当時の記憶や記録を伝える資料としては2つに大別される[1]。まずは、遺構・遺物などがあり、地震や津波の痕跡を直接にとどめる実物資料になる。被災建造物等のその場に存在する不動産的な資料である遺構と、被災時刻で止まってしまった時計等の動産的な資料(遺物)もある。

もう1つは、記録資料・情報になる。写真や動画、音声あるいは体験や経験などの証言、さらに調査を通じて得たデータや、科学的な分析によって明らかになった内容、あるいは、研究によって導き出された防災・減災に関する教訓等も含めてよいと考える。実物資料はまさに災害が起きた場でのリアルなものとして、最も訴求力が高い貴重な資料であると言えるが、残すことに戸惑う住民感情や維持管理の課題が残されている。

1-3　震災・災害アーカイブとは

　従来においてアーカイブ(Archive)は、歴史文書や公式文書が中心であるが、元来その保存作業もしくはその保管所という意味があった。現在のアーカイブの定義は、文書に限定せず価値ある文化的、学術的資源をデジタル形式で残すことも含めている。動画、写真、音声、センシング、Web上での動的情報、地図とリンクした動画・音声等、ビッグデータ・解析データなど多彩な内容になっている。

　アーカイブは先ほどの災害を伝える資料の中では、主に記録資料・情報などの分類になるが、収集する主体を考えると公的・研究機関、大学、企業、団体・個人等になり、そこで収集・整理・保存・公開・活用を行っているものが震災・災害アーカイブになると考える。特に、資料をデジタル化し、サーバーなどに集約し膨大な資料が整理されている。そして、インターネット上に幅広くデジタル化した資料を公開し、誰でもいつでも利用できる新しいアーカイブが「デジタルアーカイブ」となろう。そこでは、時空間上での資料を自由に検索・閲覧することが可能となり、その利用度が格段に上がっている。

　ここで、あえて震災・災害のアーカイブを考えると、過去の自然災害において壊滅した被災地を再現するために、遺物も含めて展示物、慰霊施設、紙媒体を中心とした記録保存を「アナログアーカイブ」と呼ぶことが出来よう。写真や被災を表す遺構の一部も貴重な資料であり、それとあわせて公文書や報告書などの紙媒体のファイルが保存される事例が多い。そこでは、場が重要であり、視覚・聴覚だけでない五感を通じてアーカイブの持つ意義を理解することが出来る。今後はデジタル空間もその機能を持つことを期待したい。

1-4　記憶と記録

　記憶とは各個人が過去の経験を残すこと、ときに応じてそれらを思い起し

たり活用する過程であり、その機能を包括的に示すと言われる。一般には、熟知感情ないし既知感を伴う表象となり、特に心象的な側面をもつ。なお、特別な既知感を伴わない習慣的動作や動作的なものも含む知識(読字、書字)や、過去の出来事に関しての時間的な位置づけなど、過去の経験に依存するすべてのものについて適用されることもある。また、記憶には頭で覚えるものと身体で覚えるものがあり、頭の記憶は明示的な情報に近く、一方で身体の記憶は暗黙的な情報であると言えよう。例えば、災害時での避難行動の判断と実際の行動においては、両方の記憶が重要な役割を持つと考える。

　一方で、記録とはすべて物事や事象を伝えるために文字、動画、音声などの手段により残すこと、また残されたものと言える。記録というのは誰かが残した情報であり、言わば二次情報であり、自分の体験そのものは一次情報である。「災害」はしばしば「多面的である」と言われている。東日本大震災の例にとれば、陸上・海底地殻の変動、地震の揺れや大津波、原発事故、家や構造物の破壊、侵食や堆積による地形変化、津波からの避難行動、水や食料の確保、被災地への物資輸送、避難所での生活、ボランティア活動、仮設住宅などの仮住まいの確保、生活の再建、復興のまちづくりなど、様々な「面」が災害には存在する。地球での自然現象であるが、生じた災害(被害)は社会や人間に影響を与えた結果である。全容を知るまた記録するには、これらの様々な「面」に関する多くの観測や記録が必要になり、それによりリアリティーを感じることができる。

　正確にまたは客観的に伝えるためには記録は不可欠であるが、記録だけの伝承は、当時の体験による感情や思いは伝わらず、その事実は他人事になりやすい。現在の防災意識の向上のためには、いかに「我が事」と捉えることが重要であると言われている。当時の状況(自然事象)を客観的な記録として残すだけではなく、記憶を記録としても残し、それをもう一度記憶に返還する機能が必要であると考える(図1)。両者の機能が現在のデジタルアーカイブ

に求められており、そこへのチャレンジが試みられている。

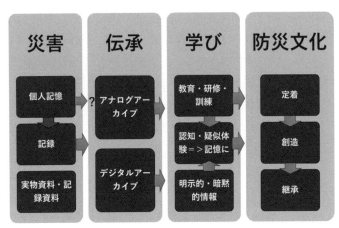

記録された記憶をもう一度、記憶と再生(我が事に)
図1　デジタルアーカイブと防災文化の創生

2　東日本大震災後の取組みとこれから──アーカイブ社会の始まり

2-1　東日本大震災からの復興の原点

　東日本大震災復興構想会議が開催された際、復興への提言(平成23年6月25日)が策定され[2)]、「悲惨のなかの希望」という副題が設けられた。そこでは、大災害を繰り返さないための復興の原点が失われたおびただしい「いのち」への追悼と鎮魂であり、今回の教訓を後世に伝えていくことが不可欠であると明確に述べている。そのため、復興構想7原則を整理した上で、その原則1を復興の原点(追悼と鎮魂)と教訓の伝承・発信と位置づけた。国内外で自然災害の脅威が続いている中、今後も東日本大震災時の教訓を後世に伝えることが当時の教訓を忘れないことであり、地域の防災力向上に不可欠となって

いる。

　発災直後から、当時の記憶や教訓を後世へ継承していくため、大震災に関する文書や写真、動画、音声等、さまざまな記録を収集し公開する取組みが産官学民あらゆる機関により行われてきた。また、東日本大震災の記憶が風化していく中で、どう利活用を促進していくかも大きな課題である。記録を収集し保存したとしても、活用されていかなければ、東日本大震災の記憶を次世代へ継承していくことが難しくなる。東日本大震災から8年経った段階で、震災記録をアーカイブする活動を振り返り、どのような課題があり今後どのように展開されるのかを取り上げ、震災記録のアーカイブの将来展望を描くことが大切であり、本巻のテーマである。

　思い起こせば、東日本大震災後、「アーカイブ」という言葉がさまざまなところで発せられた。震災後の2011年4月に公文書管理法が施行され、国の歴史的公文書作成と保存の過程が法制化され、それは国のみならず地方自治体の公文書管理の重要性を再認識させた。さらに、津波で流出した自治体の公文書、さらには個人の歴史資料の再生がボランティアの取組みとなったが、震災後の対応についての公的な記録は、当然残すべきものとみなされた。

2-2　デジタル社会とアーカイブ

　デジタルアーカイブの重要性と有用性が叫ばれた理由には、スマートフォンの普及が急速に進みつつある社会があった。個人の携帯電話やスマートフォンで被災現場の写真や動画を記録するのは、ごくありふれた営みであった。そうした情報が残され、しかもそれが容易に収集されたり、社会に公開されていった。こうした記録は、web上にサイトを作成することで、自主的に何らかのプラットフォームに投稿すると個人所蔵の写真や動画を収集した「アーカイブ」が誕生したのである。まさに、いまのデジタル社会がアーカイブを進化させていったと言える。

日本国内では、国立国会図書館の東日本大震災アーカイブ「ひなぎく」や、アメリカのハーバード大学「日本災害アーカイブ」、さらには被災自治体も東北大学災害科学国際研究所などの支援を得て、地域のアーカイブを構築している。こうした動きは、2016年に発生した熊本地震でも、ドローンによる土砂崩れの状況の撮影など、最新の機器を用いた動画や音声を蓄積することで、さらに深化しつつある[3]。

2-3　震災デジタルアーカイブの現状

　東日本大震災発生以降、様々な震災アーカイブ団体が結成され活動が始まった[4]。例えば、震災前後の写真・動画等の収集を行っているYahoo!Japanの「東日本大震災写真保存プロジェクト」や震災遺構のデジタルアーカイブやストリートビューの継続的な撮影など行っているGoogleの「未来へのキオク」などがある。また、学術機関では、防災科学技術研究所の「311まるごとアーカイブス」や学校法人東北学院の「東日本大震災の記録」などがある。自治体やNPO、企業等による震災アーカイブも進められており、代表的な震災アーカイブとしては、市民協働で震災記録の収集・公開を行っているせんだいメディアテークの「3がつ11にちをわすれないためにセンター」や、市民が震災を撮影した記録を集めたNPO法人20世紀アーカイブ仙台「「3.11」市民が撮った震災記録」、自治体内の震災記録や証言記録を集めた宮城県多賀城市の「たがじょう見聞憶」、被災地図書館が会報や文集、写真、証言記録などを地元密着して収集公開している東松島市図書館の「ICT地域の絆保存プロジェクト東日本大震災を語り継ぐ」、自社の新聞記事や取材写真、NPO団体等の写真を公開している河北新報社「河北新報震災アーカイブ」、取材記録を時系列及び空間上に公開している日本放送協会の「NHK東日本大震災証言アーカイブス」などがある。これらの各アーカイブ団体は、自ら震災記録を収集し、震災デジタルアーカイブとしてWebに公開してい

るが、これらとは別の動きとして各アーカイブ団体の震災記録を横断的に検索できるようにする国立国会図書館の「ひなぎく」やハーバード大学の「日本災害アーカイブ」など動きもある。

　これらの震災アーカイブは、個々の収集目的や利活用の目的は異なるものの、大きな目的としては後世へ伝え残すというのは同じである。東日本大震災では、膨大なデータ・資料があり、様々な団体・組織がそれをアーカイブ化しようと自主的に活動を始めて続けている。ただし、時間の経過と共に、資金、支援などの理由で活動が休止または停止したものも多い。

　東北大学は東日本大震災アーカイブプロジェクト「みちのく震録伝」を立ち上げた[5]。これは、東日本大震災を取り巻くさまざまな事象に関する「情報」を、今後災害に見舞われるであろう国内・海外に、また、これからの未来の世代に発信、共有しようとする試みである。震災に関する文書、写真、動画、音声を網羅し、東日本大震災という、忘れてはならない経験を広く共有し、今後の防災・減災につなげようとする計画である。以下のみちのく震録伝の目的が震災・災害デジタルアーカイブでの共通項目になると考える。

1) あらゆる可能性を否定せずに幅広く様々な分野の情報を収集する
2) 東日本大震災の現在のみならず、被災地の過去や未来も収集する
3) 活動を通して得られた知見を即座に防災・減災に結び付けられるように発信する
4) 利用者との対話をもとに継続的に成長する
5) 被災地の復旧・復興の過程を沿岸から内陸まで継続的に記録する
6) 他の震災アーカイブや有用なサービスと積極的に連携する
7) 災害アーカイブのグローバル・スタンダードを目指す
8) 行政・企業・研究機関の防災・減災情報システムと連携する
9) 防災・減災教育に資する情報を提供する
10) プロジェクト活動を通して、東北地方に雇用を生み出す

3 本巻の構成

　本巻は震災・災害デジタルアーカイブを巡る活動を、我が国の前からの歴史的災害史料から、最近の震災・災害を含めた東日本大震災でのアーカイブ活動について、何のために、誰が何を残すのか、そして、それを誰にどのように伝えていくのかを全3部構成で紹介する。

第1部　震災・災害の記録を残すことの意義と目的（何のために）
・震災・災害アーカイブの役割と歴史的変遷と現状　柴山明寛（東北大学）
・放送局による東日本大震災アーカイブの意義——NHK東日本大震災アーカイブスを事例に　宮本聖二（立教大学、Yahoo!）
・震災の記録を横断する——国立国会図書館東日本大震災アーカイブ（ひなぎく）の意義と課題　伊東敦子・前田紘志（国立国会図書館）

第2部　復興に向けて人々の声、地域の歴史を残す（誰が何を残すのか？）
・Voices from Tohoku：from a digital archive of oral narratives to scientific application in disaster risk reduction（東北からの声——口承記録デジタルアーカイブから防災・減災のためのアプリケーションへ）　フラヴィア・フルコ（東北大学）・ロビン・オデイ（ノースジョージア大学）・デビッド・スレイター（上智大学）
・「命の軌跡」は訴える——東日本大震災、地方紙とデジタルアーカイブ　鹿糠敏和（岩手日報社）
・市民の力で地震史料をテキスト化「みんなで翻刻」　橋本雄太（国立歴史民俗博物館）

第3部　未来のためのデジタルアーカイブ——震災・災害情報の利活用 （誰にどのように伝えていくか？　誰が学ぶか？）

- 災害の非可逆性とアーカイブの精神——デジタル台風・東日本大震災デジタルアーカイブ・メモリーグラフの教訓　北本朝展（ROIS-DS CODH・NII）
- 歴史地震研究と日記史料有感地震データベース　西山昭仁（東京大学地震研究所）
- 防災科学技術研究所の災害資料とデジタルアーカイブ——自然災害資料の収集・整理・発信　三浦伸也・鈴木比奈子（防災科学技術研究所）
- 記憶の解凍——資料の“フロー”化とコミュニケーションの創発による記憶の継承　渡邉英徳（東京大学）

　これらのアーカイブの目的は、過去の記録に留まらず、将来の災害への意識向上、備えや対策の充実を通じた防災・減災に寄与することを共通としている。その主体は大学・研究機関、図書館に加えマスメディア、市民がそれぞれ独自の視点で活動を開始し、さらにそれらの活動を繋ぎ、連携させる役割も展開している。また、Web地図上に「災害年表マップ」として可視化する取組みもあり、利用者にとってより使いやすい工夫がなされている。特に、視覚に訴えるデジタルアーカイブは、教育との親和性が高いとの報告もあり、防災教育での教材としての役割も注目されている。

　さらに、デジタルアーカイブが公開Webサイトを作ることで、「公共人類学」プロジェクトへと活動し、アーカイブが当初の地域コミュニティにとっての意義を超え、より広い科学の発展に寄与するツールとして拡張させている。防災・減災において「我が事」にすることは不可欠であり、理解を深めるだけでなく意識を向上させるには、個人の記憶を記録した情報をもう一度、記憶することは重要である。最後に、口承記録はしばしばデータソースとし

て見落とされがちだが知識の宝庫であり、分野を超えた研究に対して非常に貴重な見識を与えるとも報告されている。

参考文献

1) 3.11震災伝承研究会 事務局：「3.11震災伝承研究会」第1次提言──震災遺構の保存について（2012年7月19日）

https://www.pref.miyagi.jp/uploaded/attachment/639665.pdf（最終アクセス：2019/3/24）

2) 東日本大震災復興構想会議：「復興への提言〜悲惨のなかの希望」（2011年6月25日）

https://www.cas.go.jp/jp/fukkou/pdf/fukkouhenoteigen.pdf（最終アクセス：2019/3/24）

3) 牧原出「第7章 記憶と伝承 7章1節 記憶の電子化と空間化」『東日本大震災における復興の総合的研究──まちの復興、生活の再建、生業の復活を中心に』（科研費基盤研究（B）研究報告）, 2019

4) 今村文彦, 柴山明寛, 佐藤翔輔「東日本大震災記録のアーカイブの現状と課題」『情報の科学と技術』64(9), 338-342, 2014

5) 柴山明寛, 北村美和子, ボレー・セバスチャン, 今村文彦「近年の震災アーカイブの変遷と今後の自然災害アーカイブのあり方について」『デジタルアーカイブ学会 第1回研究大会予稿』1(Pre), 13-16, 2017

第 **1** 部

震災・災害の記録を
残すことの意義と目的

第1章

震災・災害アーカイブの役割と歴史的変遷と現状

柴山明寛

1 はじめに

　豪雨・台風災害や地震災害など、近年希に見る自然災害が多発している。過去と比較して、日本の防災・減災対策が進んでいるものの、毎年数百人単位で自然災害の犠牲者が発生している。1923年関東大震災では、推計10万人の方が犠牲となっている。それ以降、日本の自然災害において、数万人単位の犠牲者が発生することは無かったが、2011年東日本大震災において、約2万人を超える犠牲者が発生してしまった。未曾有の大災害や想定外の被害と言われる東日本大震災ではあったが、過去の東北地域には、数多くの地震津波が発生しており、1896年明治三陸地震津波では約2万人を超える犠牲者、1933年昭和三陸地震津波では約3,000人を超える犠牲者、1960年チリ地震津波では142人の犠牲者など、尊い命が失われている。幾度となく、地震津波を経験している東北の太平洋沿岸地域で数多くの犠牲者が発生してしまったのは、数多くの要因がある。その一つの要因として、過去の災害経験の伝承ができていなかったことが言える。2013年12月の内閣府のアンケート調査結果では、東日本大震災以前の津波の体験や教訓を見聞きしたことが無かった方が4割強という結果であった[1]。しかしながら、東北地域に地震津波の伝承が無かったわけではなく、一部の地域では、「津波てんでんこ」[2]

などの伝承や津波の石碑などが存在はしていたが、多くの人々には伝わっていなかった。

　日本は、世界から見ても自然災害リスクが高く、とりわけ先進国の中でも最もリスクが高い場所である[3]。日本に居住している限り、自然災害と共に生きていかなくてはならない。特に頻度が高い風水害に対しては、地域の危険性を正しく認識し、災害が発生する前に早く行動することが重要となる。私達は、二度と同じ悲劇を繰り返さないためにも、過去の災害を正しく理解することが重要である。そのためにも震災・災害アーカイブの役割は、非常に重要と言える。

　本論では、震災・災害アーカイブの役割について述べ、次に震災・災害アーカイブの歴史的変遷と現状をまとめる。

2　震災・災害アーカイブの定義・役割・意義

2-1　震災・災害アーカイブの定義

　震災・災害アーカイブを定義することは難しい。図書館が所蔵している災害に関する書籍や新聞、博物館が保有している古文書や絵画、テレビ局が保存している災害時の映像記録、研究機関が保有している災害関連の書籍や研究論文、観測・測量データ、衛星・航空・現地写真、証言記録などがある。さらに、自治体や民間機関、NPO／NGO、個人なども災害記録を保有している。これらすべての機関・団体・個人の活動は、規模の大小はあるものの、震災・災害アーカイブと言える。また、ウェブサイトをアーカイブするInternet archive[4]や国立国会図書館が行っているインターネット資料収集保存事業(Web Archiving Project：WARP)[5]なども存在する。

　本論の議論を整理するために、以下のように震災・災害アーカイブの定義を行ってみる。

　①　震災や災害記録を、機関・団体・個人等が収集・整理・保存・公開・
　　　活用を行っているもの

② 公開方法として、インターネット上に幅広くデジタル化した資料を公開していること

2-2 震災・災害の記録とは

震災・災害の資料と言っても様々なものが存在する。以降、震災・災害の資料と呼ばれているものを著者の視点でどのようなものかを示す。ただし、すべてを紹介できるものではないため、これらは一部分であることをご了承いただければと思う。

日本国内の過去の地震や自然災害を知る上で重要な資料は、図書館や博物館に所蔵されている。図書館は、図書館法の第2条「図書、記録その他必要な資料を収集し、整理し、保存して、一般公衆の利用に供し、その教養、調査研究、レクリエーション等に資することを目的とする施設」と定義がなされている。博物館にも同様に、博物館法の第2条「歴史、芸術、民俗、産業、自然科学等に関する資料を収集し、保管し、展示して教育的配慮の下に一般公衆の利用に供し、その教養、調査研究、レクリエーション等に資するために必要な事業を行い、あわせてこれらの資料に関する調査研究をすることを目的とする機関(社会教育法による公民館及び図書館法(昭和25年法律第118号)による図書館を除く。)」とされている。

このように図書館及び博物館には、日本のありとあらゆるものが所蔵されており、その中には、地震や自然災害に関係するものが多数含まれている。特に国立国会図書館には、納本制度により国内及び洋書を含めた様々な書籍が収められている。さらに、学術書も100万冊以上が所蔵されている。国立国会図書館の検索システムを用いて、「地震」を検索すると約8万冊の書籍が見つかる。「災害」では、15万冊以上の書籍が見つかる。博物館においても、地震や自然災害に関する絵画や歴史資料などが所蔵されている。

その中で、日本での最古の地震記録として残されているものとして『日本書紀』がある。『日本書紀』には、684年白鳳(天武)地震の記録が残されている。白鳳(天武)地震は、南海トラフの地震が繰り返し起こっていることを示す重

要な手がかりの一つでもある。その他にも『日本三代実録』に記載がなされている869年の貞観地震がある。貞観地震は、東日本大震災と発生規模が類似しており、三陸に千年に一度の大地震が来ている根拠の一つと言われている。しかしながら、1611年慶長三陸地震も東日本大震災と同程度の地震ではなかったのかと最新の研究成果で解明されつつある。これらを立証するために、研究者は、博物館や図書館にも所蔵されていない蔵などに眠っている古文書や地層に残っている津波痕跡調査等を実施している。

　古文書以外にも津波の被害を知ることができるものとして津波の石碑がある。津波の石碑には、津波で無くなった方を供養する石碑や津波の被害記録を示した石碑、津波の教訓を示した石碑などが存在する。これらの石碑は、北海道から九州まで太平洋側に多く分布している。また、津波以外にも、地震被害を後世に残すための石碑があり、例えば、1923年関東大震災の慰霊碑や記念碑などがある。

　18世紀から現在にかけて、震災・災害記録を示すものとして新聞の記事や写真の記録がある。全国紙、地方紙など日本には数多くの新聞社が存在し、最古の新聞(瓦版)は、現在から数百年前から存在する。新聞には、日常の出来事などが書かれているが、その中には、災害の記録も含まれており、当時の被害状況や被害の様子の記事がある。例えば、東北地方のブロック紙である河北新報社では、1897年1月に創刊が始まり、その直後に発生した1897年2月20日宮城県沖地震の紙面記録が残されている[6]。21日の新聞には、憲兵の談話や被害状況が記事になっており、当時の被害状況が示されている。写真記録については、例えば、長崎大学附属図書館の幕末・明治期日本古写真メタデータ・データベースに、日下部金兵衛氏が撮影した1891年濃尾地震の記録が残っている[7]。その他にも、関東大震災などの写真記録などが残されている。

　あまり一般に目に触れることは少ないが、地震を定量的に測る指標として、地震観測の記録がある。地震観測は、1875年に内務省地理寮量地課が東京都港区虎ノ門で開始した。その後、1884年から全国に地震計を設置し、その後、

様々な経緯を経て、現在では4,000を超える地震計が設置されている[8),9)]。地方自治体数が1,700程度あることから、市町村には、2〜3の地震計が設置されていることになる。震度階級も同時期から使用されはじめ、1884年には微、弱、強、烈の4階級から始まり、1898年より7階級、1949年に震度7が設けられ8階級となった。1996年から計測震度が導入され、10階級となっている。震度7となったのは、1995年の阪神・淡路大震災が初となる。

　ここまで20世紀前半までの地震や自然災害の記録について述べた。ここからは、現代の地震や自然災害の記録にどのようなものがあるか説明する。まず、研究機関や防災関係機関の記録としては、航空写真や衛星画像、多種多様な測量データ（GPSなどの地殻変動データ、レーザ測量など）、ビデオカメラ映像、写真画像、360度カメラ画像などがある。また、被災者もしくは個人の記録としては、SNSなどのソーシャルデータや個人が撮影した写真画像等がある。さらに、被災体験者の証言記録や体験記、証言の音声記録や映像記録、アンケート記録などもある。行政機関の記録としては、災害関連情報を発信しているHP上の掲載情報や防災関係機関の会議録や資料、復旧・復興に関する資料、被災者・事業者への各種支援制度の申請書、自治体もしくは防災関係機関が発行するチラシやポスター、ニュースレター、災害記録誌、統計データなどがある。学術関係では、学術雑誌、学術論文、災害関連書籍などもある。その他として、ニュース映像等の報道記録や新聞記事などがある。さらに、昨今ではビックデータやセンシング情報なども地震や自然災害の記録の一つとも言える。例えば、トヨタ自動車の「通れた道マップ」[10)]やITS Japanの「通行実績情報」[11)]などがある。

　以上のように、数十年前から科学技術や情報技術の発展、情報端末が個人レベルまで普及したことにより、地震や自然災害の記録する方法が増え続けている。ここで記載した以外の記録も今後増え続けること、さらに、地震や自然災害の記録が莫大に増え続ける可能性がある。

2-3　震災・災害アーカイブの役割

　著者が考える震災・災害アーカイブの役割は、2つがあると考える。1つは、過去の歴史災害の発生時期や被害規模を知ること、もう1つは、地震や災害から身を守るかを学ぶ教訓を知ることである。

　前者については、地震や自然災害がいつ発生し、それがどれくらいの被害規模であるかを知ることである。代表的なものとしては、南海トラフで発生が懸念される地震である。文献や津波堆積物等の調査から684年白鳳(天武)地震、1605年慶長地震、1707年宝永地震、1854年安政東海地震、1944年昭和東南海地震などが繰り返し発生していることから、今後も同じ地域で地震が発生する可能性があることを示すものである。また、平成30年7月豪雨(別名：西日本豪雨)についても過去の自然災害から危険性が指摘されていた。例えば、岡山県倉敷市真備で多くの方が水害によって犠牲になったが、過去にも同様な水害が発生していた。このように、過去の自然災害史を知ることで、自らの住んでいる地域の危険度を知ることができる。さらに、自治体では、過去の災害履歴を基に、地域防災計画の策定や洪水ハザードマップ、地震ハザードマップなどの策定が行われている。

　後者の地震や災害から身を守るかを学ぶ教訓については、災害が起こり、どのように対応し、どのように解決したのか、また、どのような課題があったのかを学ぶものである。例えば、地震が発生したら机やテーブルの下に隠れ、机の脚を持つ、地震が発生したらブロック塀に近づかない、津波が発生したら自動車などに乗らず徒歩で避難する、避難所ではペットも合わせて避難してくることを想定して避難所でペット用の場所を用意する、車中で過ごす場合は、エコノミークラス症候群に注意するなどである。これらは過去の自然災害の教訓から得られた知見を基にしたものである。また、教訓は、個人や自主防災組織の対応に繋がるだけでなく、国の法律も改正や改訂、新たな法整備にも繋がっている。災害対策基本法やその他関連法、建築基準法、指針、基準、規定などこれまでの災害で対応できていなかった箇所などに改正や改訂がなされている。

さらに、震災・災害アーカイブは、今後に秘められた可能性があると著者
は考えている。現在の科学技術の限界により解明できていない事象が数多く
あり、今後のビックデータの解析技術やその他の技術により、今まで明らか
になっていなかった教訓を導き出すことができる可能性があると考える。

2-4　災害記録の保存および災害伝承に関する国民の責務について

　東日本大震災が発生する以前は、国民の一人一人が災害記録の保存や災害
伝承の責務は負ってはおらず、震災や災害を経験した本人の意思もしくは地
域の伝統文化等で伝承を行っていた。しかしながら、未曾有の被害となった
東日本大震災以降は、2011年5月10日に開かれた東日本大震災復興構想会
議において復興構想7原則の提言が発表され、原則1には、「大震災の記録を
永遠に残し、広く学術関係者により科学的に分析し、その教訓を次世代に伝
承し、国内外に発信する」との提言が発信された[12]。この提言により、後述
で示す東日本大震災アーカイブが数多く作られる切っ掛けとなった。さらに、
2012年に改正された災害対策基本法の第7条、第46条及び第47条の2等で
は、「国民の防災意識の向上を図るため、住民の責務として、災害教訓を伝
承することを明記するとともに、国・地方公共団体、民間事業者も含めた各
防災機関において防災教育を行うことを努力義務化する旨を規定」が明記さ
れ、国民の一人一人が災害教訓を伝承することが責務となった[13]。

3　震災・災害デジタルアーカイブの歴史的変遷

　東日本大震災は、震災・災害デジタルアーカイブの元年と言えるほど、数
多くの震災デジタルアーカイブが構築された。震災・災害デジタルアーカイ
ブの歴史的変遷を見る上で、東日本大震災以前のデジタルアーカイブと東日
本大震災のデジタルアーカイブ、そして、東日本大震災以降のデジタルアー
カイブに分けることができる。これら3つの時期に分けて説明をする。

3-1 東日本大震災以前の震災・災害デジタルアーカイブについて

日本国内で「震災アーカイブ」という言葉を使われるようになったのは、1995年阪神・淡路大震災のアーカイブを行った神戸大学附属図書館「震災文庫」のデジタルアーカイブ構築に携わった渡邊氏からだと思われる[14]。「震災文庫」は、1995年10月から収集資料の目録をインターネット上に公開し、1998年10月からデジタル資料の公開が開始された[15]。「災害アーカイブ」という言葉については、2004年新潟県中越地震からである。長岡市立中央図書館が「災害アーカイブス(現在、長岡市災害復興文庫)」を、中越防災安全推進機構が「中越災害アーカイブ」[16]を共に2008年に公開し、災害アーカイブという言葉が使われ始めた。

「震災文庫」以前にも、目録のみの公開ではあるが、京都大学防災研究所が開発した自然災害科学データベース(SAIGAI)がある[17]。公開されたのは、1982年2月で、大型計算機センターの共有ファイルとして公開され、大学間ネットワークで閲覧できるシステムであった。SAIGAIでは、研究論文や調査報告書、災害現場で収集した観察・測定記録、災害現場写真、空中写真、新聞記事スクラップ、様々な観測記録等が収集され、震災・災害アーカイブの先駆けと呼べるものであった。さらに、1982年当時は、インターネットも無く、また、Microsoft社のWindows 3.xシリーズも出ていない時期であった。

その他にも2003年から公開がなされている「津波ディジタルライブラリィ」がある[18]。「津波ディジタルライブラリィ」では、文献資料のデジタル化や津波映像、石碑など過去の津波災害に関連した資料が公開されており、現在でも資料が逐次公開されている。2009年6月に公開された「[古代・中世] 地震・噴火史料データベース (β版)」では、地震や噴火の被害などを記した古記録・古文書等をまとめたデータベースである[19]。

3-2 東日本大震災の震災デジタルアーカイブについて

2011年3月11日に東日本大震災が発生した以降、自治体や研究機関、防災関係機関、企業、図書館など多種多様な団体が同時多発的に震災デジタル

アーカイブを立ち上げている。現在までに数十のウェブサイトが立ち上がっているが、正確な数字まで把握ができない現状がある。理由としては、自治体や研究機関等の公的機関が行っているものに関しては把握することは可能ではあるが、その他の市民団体等が行っているものは数多くあり把握が困難なためである。すなわち、それだけ数多くの震災デジタルアーカイブが存在するとも言える。ここで東日本大震災発生以降からの各機関による震災アーカイブの変遷について説明する。

　東日本大震災が発災してから1ヶ月後に、民間企業のYahoo! Japanによる「東日本大震災 写真保存プロジェクト」[20]が立ち上がり、一般市民からの震災に関する写真の募集が開始され、2011年6月からウェブ上で公開が始まった。同月、Googleでは、震災前後の衛星写真などを公開する「未来へのキオク」[21]が開始され、同サイトで一般市民からの提供された写真等の公開も始まった。被災地県では、宮城県仙台市生涯学習施設であるせんだいメディアテークにおいて、「3がつ11にちをわすれないためにセンター」[22]が発災から3ヶ月後に立ち上がり、震災記録の収集や映像編集の支援などが開始された。発災から半年後には、宮城県の被災地大学でもある東北大学が東日本大震災アーカイブプロジェクト「みちのく震録伝」[23]を開始し、研究者が撮影した震災直後の写真などを中心に収集を開始した。

　発災から1年が経過し、報道映像や証言記録映像等をまとめた日本放送協会による「NHK東日本大震災アーカイブス」[24]の公開がされ、報道メディア関係では初の公開であった。同時期に、農林漁業協同組合「農林漁業協同組合の復興への取組み記録 東日本大震災アーカイブズ」[25]が公開された。福島県の被災大学でもあるいわき明星大学の「はまどおりのきおく——未来へ伝える震災アーカイブ」[26]が公開された。その半年後には、FNNが報道映像をまとめた「3.11 忘れない〜FNN東日本大震災アーカイブ〜」[27]が公開された。また2012年3月にハーバード大学エドウィン・O・ライシャワー日本研究所から、海外機関として初の「2011年東日本大震災デジタルアーカイブ」[28]が公開された（2017年に日本災害DIGITALアーカイブに名称を変更）。

2012年9月からは、総務省の「東日本大震災アーカイブ」基盤構築プロジェクト[29]が開始された。このプロジェクトでは、震災アーカイブの構築のための実証実験として青森県、岩手県、宮城県、福島県の4県5つのプロジェクトが実施された。青森県では、「あおもりデジタルアーカイブシステム（その後、青森震災アーカイブと統合）」、岩手県では、「陸前高田震災アーカイブNAVI（その後、国立国会図書館に移管）」、宮城県では、東北大学「みちのく震録伝」、河北新報社「河北新報 震災アーカイブ」[30]、福島県では、「東日本大震災アーカイブFukusima」[31]がそれぞれ実施され、2013年3月には各ウェブサイトで震災アーカイブの公開がされた。青森県及び岩手県、福島県のプロジェクトについては、震災記録の収集等を自治体の協力の基で実施されていたが、運営自体は大学や協議会等で行われていた。河北新報震災アーカイブについては、初の商用データのアーカイブが行われ、検索までは無料で、資料自体を見るためには有料の仕組みになっている。また、同プロジェクトでは、国立国会図書館の「東日本大震災アーカイブ（愛称：ひなぎく）」[32]が公開され、国内で初めて、各機関の震災アーカイブを結ぶポータルサイトを公開した。ひなぎくでは、各震災アーカイブを横断的に検索できるシステムを公開している。

2013年5月には、学校法人東北学院の「東日本大震災の記録 Remembering 3.11」[33]が公開された。東北学院グループの幼稚園、中学校、高校、大学で収集された資料が公開されている。2014年1月には、原子力関係の資料を中心とした日本赤十字社「赤十字原子力災害情報センター デジタルアーカイブ」[34]が公開された。

自治体が主体となって震災デジタルアーカイブを構築したのは、2014年3月の宮城県多賀城市「たがじょう見聞憶」[35]が最初となる。ただし、2012年12月に宮城県仙台市「フォトアーカイブ 東日本大震災——仙台復興のキセキ」[36]や2013年3月から宮城県東松島市「ICT地域の絆保存プロジェクト」[37]なども、2015年3月にいち早く震災記録をウェブ公開がされている。ただし、両自治体ともにデータベース化まではされていなかった（東松島市は、その後に

データベース化された)。多賀城市以降、自治体が主体となった震災アーカイブの構築が数多く開始された。その後押しとなったのは、総務省「被災地域情報化推進事業(情報通信技術利活用事業費補助金)」の補助金[38]である。本補助金を利用して構築されたアーカイブとしては、2014年4月公開の「青森震災アーカイブ」(八戸市、三沢市、おいらせ町、階上町の青森県4市町村合同で構築)[39]、2015年3月公開の久慈・野田・普代震災アーカイブ(久慈市、野田村、普代村の岩手県3市町村合同で構築)[40]、2015年4月公開の福島県郡山市「郡山震災アーカイブ」(郡山市、双葉町、富岡町、川内村の4市町村の記録公開)[41]、2015年6月公開の宮城県の「東日本大震災アーカイブ宮城」[42]、2015年7月公開の千葉県浦安市「浦安震災アーカイブ」[43]である。

　岩手県では、他の自治体より構築が遅かったが、震災資料の定義からその後の活用について、外部有識者を交えた会議を開催し、1年間をかけて「震災津波関連資料の収集・活用等に係るガイドライン」を2016年4月に策定した[44]。その1年後の2017年3月には「いわて震災津波アーカイブ～希望～」[45]を公開した。いわて震災津波アーカイブは、23万点と東日本大震災デジタルアーカイブの中で最も多くの震災資料を公開している。続いて、東日本大震災アーカイブ宮城の22万点の公開が続く。その他の県については、福島県では2017年6月に「アーカイブ拠点施設(仮称)に関する資料収集ガイドライン(2019年3月に改訂され名称が変更「東日本大震災・原子力災害アーカイブ拠点施設」に関する資料収集ガイドライン)」[46]が策定され、現在、震災関連記録の収集が行われている。茨城県では、2017年3月に「茨城県東日本大震災デジタルアーカイブ」[47]が公開されている。

3-3　東日本大震災以降の震災・災害デジタルアーカイブについて

　東日本大震災以降、災害対策基本法の改定も伴い、災害教訓の伝承と住民の防災意識向上の必要性が叫ばれ始め、日本各地の震災・災害デジタルアーカイブの構築及び公開が開始されている。以下に、東日本大震災以降に公開された震災・災害デジタルアーカイブの一部を紹介する。

地域で起こった地震や津波、風水害などの自然災害の資料をまとめた震災・災害デジタルアーカイブが立ち上がっている。例えば、四国の各地で発生した災害に関する情報をまとめた四国クリエイト協会の「四国災害アーカイブス（2012年7月公開）」[48]、昭和東南海地震、伊勢湾台風など三重県で発生した自然災害の記録や証言映像などをまとめた三重県及び三重大学の「みえ防災・減災アーカイブ（2015年4月公開）」[49]、静岡県伊豆半島南部で発生した豪雨や台風、地震災害をまとめた静岡県下田市等の「賀茂地域・災害アーカイブ "賀茂は一つ"（2016年9月公開）」[50]、中部地域で発生した南海トラフ関連の歴史地震や水害などをまとめた中部地域づくり協会の「中部災害アーカイブス（2018年3月公開）」[51]などがある。また、東日本大震災デジタルアーカイブの中にも過去の自然災害の情報を掲載している宮城県名取市図書館の「名取デジタルアーカイブ」[52]や宮城県多賀城市の「たがじょう見聞憶」などもある。

一つの災害事象に対して特化したデジタルアーカイブも存在する。例えば、1961年に豪雨により水害・土砂災害が発生した長野県南部の伊那谷の記録をまとめた天竜川上流河川事務所の「三六災害アーカイブス（2013年公開）」[53]や同災害を体験した小中高生らの作文を集めた天竜川上流河川事務所及び信州大学附属図書館等の「語りつぐ "濁流の子" アーカイブス（2015年4月公開）」[54]がある。また、奈良県が設置した深層崩壊研究会の3年間の各種調査記録をまとめた奈良県の「紀伊半島大水害大規模土砂災害アーカイブ」[55]や広島県の土砂災害などの写真記録をまとめ、さらに県民から資料提供を募り情報共有する広島県の「地域の砂防情報アーカイブ（2011年9月公開）」[56]などがある。

また、津波の記録が刻まれた石碑や寺社の記録をまとめたデジタルアーカイブも存在し、例えば、日本全国の津波に関連する寺社・石碑の写真をまとめた国立民族学博物館の「津波の記憶を刻む文化遺産——寺社・石碑データベース（2017年11月公開）」[57]や、文字判別が困難な碑を3Dデジタル化した海洋研究開発機構谷川亘氏の「地震津波碑デジタルアーカイブ（2017年5月公

開) 」[58]などもある。

4　震災・災害デジタルアーカイブの現状

　3章で述べた通り、震災・災害デジタルアーカイブは、2011年東日本大震災発生以降から様々なアーカイブが構築されつつある。今後、あらゆる自然災害の震災・災害デジタルアーカイブが出来上がることで、震災・災害の知識インフラとなり、今後起こる自然災害に対して防災・減災の対応・対策が著しく向上するであろう。さらに、震災・災害デジタルアーカイブのデータ解析が向上することで、今まで発見ができていなかった問題点も明らかになり、災害が発生する度に新たな問題点が発生することも軽減するだろう。しかしながら、震災・災害デジタルアーカイブの課題が無いわけではなく、超えなくてはいけないハードルが多数ある。その一部分ではあるが、東日本大震災デジタルアーカイブで例を取りながら現状の課題について説明する。

4-1　震災・災害デジタルアーカイブの継続的な維持について

　震災・災害デジタルアーカイブを恒久的に維持することは大変難しい。

　その理由の一つ目としては、組織や担当者の引き継ぎに関する課題がある。国や行政、地方自治体では、おおよそ3年程度で異動があり、準備・構築をその担当者で行っていても、完成後の年に異動というのが良くある話である。東日本大震災の発生当時から担当者が変わっていないのは、人事異動がほとんどない大学や研究機関だけである。50以上あるアーカイブ団体の中で担当者が代わっていないのは、著者を含めると数人程度しかいない。引き継ぎ段階で、アーカイブの意義や目的が伝わり、担当者が代わっても同じように推進することができれば良いが、そううまくいかない現実がある。さらに、アーカイブを構築した部署が無くなり、様々な部署と併合してしまうことがある。東日本大震災の被災自治体では、復旧・復興のための専門部署が新たに作られることがあり、その部署がアーカイブの構築を担当しているところ

がある。これは、復興が終われば部署は解散し、それと同時にアーカイブも閉鎖してしまう可能性があることや、違う部署に移動したとしても通常業務＋αの仕事となり扱い方が変わってしまう可能性がある。

　二つ目としては、ハードウェアの寿命に関する課題である。アーカイブ構築のために新たにサーバ機器等を新規で購入している機関が少なからずある。一般的にサーバ機器類の寿命は、5年から8年と言われており、維持管理費を年度予算として定常的に計上したとしても、ハードウェアの更新時期に更新費用を捻出できない場合がある。今後、ハードウェアの寿命を迎えるところがいくつかあり、継続して運用されていくのか注視する必要性がある。

　三つ目として、組織自体が諸事情により解散してしまった場合の課題がある。資料の収集をした際に、著作権者に対して組織名義で著作権等の権利処理を行っているが、他機関へのデータを譲渡することまでの権利処理ができていないことがほとんどあり、また解散と同時に他機関にデータを譲渡することができない場合がある。その場合は、著作権者に対して再度権利処理を行わなくてはならず、時間と費用が莫大にかかってしまう。組織自体が解散となりサイトが閉鎖した事例が2例あり、それは陸前高田震災アーカイブNAVI（2014年11月30日閉鎖）とあおもりデジタルアーカイブシステム（2016年1月8日閉鎖）である。ただし、それは陸前高田震災アーカイブNAVIは、国立国会図書館にアーカイブデータを引き継ぐことができたこと、あおもりデジタルアーカイブシステムは、青森震災アーカイブに引き継がれたことによりアーカイブデータの消滅は避けられた。

4-2　震災・災害デジタルアーカイブの検索性について

　東日本大震災では、50を超える震災デジタルアーカイブが構築された。ほとんどの震災デジタルアーカイブは、国立国会図書館の「ひなぎく」とAPI連携等で接続がなされており、横断検索が可能である。しかしながら、個々のアーカイブのメタデータの付与ルールが異なり、利用者が目的のものを探し出すことができないことがある。2013年3月に総務省「震災関連デジタル

アーカイブ構築・運用のためのガイドライン」(以降、総務省ガイドライン)[59] が発表され、それを基に震災デジタルアーカイブの構築がなされていることがほとんどである。しかしながら、総務省ガイドラインには、詳細なメタデータの付与ルールまでは記載がなされておらず、構築機関に委ねられている部分が多数ある。そのため、構築機関が独自の使用用途や目的に合わせて、カテゴリー分けやキーワードの付与ルールを決めており、横断検索時などで目的のものが見つからない問題が発生する。これは、様々なアーカイブサイトを個々に利用する際にも同様の問題が発生し、個々のアーカイブサイトの特性を熟知しなければ、目的のものがそのサイトで見つからないことに繋がる。これは利用者側に対してユーザフレンドリーではなく、苦痛を与えることになる。今後もさらに震災・災害デジタルアーカイブが増えていくと思われ、ガラパゴス化されたサイトが多くなる可能性がある。そのため、総務省ガイドラインを見直し、新たな震災・災害デジタルアーカイブのガイドラインの作成が必要と考える。

5　まとめ

　震災・災害アーカイブ及び震災・災害デジタルアーカイブの役割や歴史的変遷について述べた。今回取り上げた震災・災害デジタルアーカイブは、ほんの一例を紹介したのみであり、その他にも数多くのデジタルアーカイブサイトが存在する。さらに、今後も地域の震災・災害デジタルアーカイブが数多く構築されていくと思われる。しかしながら、震災・災害デジタルアーカイブは、独自ルールで構築されている事例が多く、将来を考えた場合、ある程度の標準化が必要と考える。震災・災害デジタルアーカイブの標準化ができることで、様々な自然災害を横断的に分析できることもできる。さらに、自然災害は、発生直後の対応や対策が異なるのみで、避難をした後の避難所生活以降は、どの災害もほとんど同じ対応となる。同じ土俵で様々な事例を見ることができれば、防災・減災の対応・対策の考え方も広がり、一人一人

の防災意識の向上や防災力の向上にも繋がると考える。日本は、全世界から見ても自然災害の多発地域でもある。今後の自然災害に対して、犠牲者ゼロを目指すために、震災・災害デジタルアーカイブがその一助となればと考えている。

注

1) 内閣府：「東日本大震災における地震・津波時の避難に関する実態調査」
http://www.bousai.go.jp/jishin/tsunami/hinan/tyousakekka.html

2) 矢守克也「「津波てんでんこ」の4つの意味」『自然災害科学』**31**（1）, 35-46, 2012

3) Bündnis Entwicklung Hilft, WorldRiskReport2018, https://weltrisikobericht.de/

4) Internet archive, https://archive.org/

5) 国立国会図書館インターネット資料収集保存事業 http://warp.ndl.go.jp/

6) 河北新報社：「河北新報　震災アーカイブ」http://kahoku-archive.shinrokuden.irides.tohoku.ac.jp/

7) 長崎大学附属図書館：「幕末・明治期日本古写真メタデータ・データベース」
http://oldphoto.lb.nagasaki-u.ac.jp/jp/

8) 気象庁：「気象庁震度階の変遷と震度階級関連解説表の比較」https://www.data.jma.go.jp/svd/eqev/data/study-panel/shindo-kentokai/kentokai2/index.html

9) 気象庁の歴史 https://www.jma.go.jp/jma/kishou/intro/gyomu/index2.html

10) トヨタ自動車：「通れた道マップ」https://www.toyota.co.jp/jpn/auto/passable_route/map/

11) ITS Japan 通行実績情報 http://disaster-system.its-jp.org/map4/map/

12) 内閣官房：2011年5月10日東日本大震災復興構想会議 http://www.cas.go.jp/jp/fukkou/

13) 内閣府中央防災会議・防災対策推進検討会議（第11回）http://www.bousai.go.jp/kaigirep/chuobou/suishinkaigi/11/index.html

14) 渡邊隆弘「震災アーカイブにおけるメタデータの設計」『じんもんこん2000論文集』**17**, 89-96, 2000

15) 益本禎朗「震災文庫におけるデジタルアーカイブの取り組み──収集から公開まで」第2回DAN（Digital Archive Network）ワークショップ発表論文，ディジタル図書館編集委員会編『ディジタル図書館』**44**, 37-43, 2013

16) 中越防災安全推進機構：「中越災害アーカイブ」http://map.c-bosai-anzen-kikou.jp/

17) 石原安雄・佐藤忠信・松村一男「自然災害科学データベース（SAIGAIKS）の検索法」『自然災害科学』6(3), 23-34, 1987

18) 今井さやか「津波ディジタルライブラリィにおける文献のディジタル化について」『メディア情報研究』1, 27-30, 2015

19) ［古代・中世］地震・噴火史料データベース（β版）https://historical.seismology.jp/eshiryodb/

20) Yahoo! Japan：「東日本大震災 写真保存プロジェクト」https://archive-shinsai.yahoo.co.jp/

21) Google：「未来へのキオク」https://www.miraikioku.com/

22) 仙台市せんだいメディアテーク：「3がつ11にちをわすれないためにセンター」https://recorder311.smt.jp/

23) 東北大学：「みちのく震録伝」http://shinrokuden.irides.tohoku.ac.jp/

24) 日本放送協会：「NHK東日本大震災アーカイブス」https://www9.nhk.or.jp/archives/311shogen/

25) 農林漁業協同組合：「農林漁業協同組合の復興への取組み記録 東日本大震災アーカイブズ」http://www.quake-coop-japan.org/

26) 明星大学：「はまどおりのきおく――未来へ伝える震災アーカイブ」http://hamadoori-kioku.revive-iwaki.net/

27) FNN：「3.11 忘れない～FNN東日本大震災アーカイブ～」http://www.fnn-news.com/311/articles/201103120086.html

28) ハーバード大学エドウィン・O・ライシャワー日本研究所：「2011年東日本大震災デジタルアーカイブ（現・日本災害アーカイブ）」http://jdarchive.org/

29) 総務省：「東日本大震災アーカイブ」基盤構築プロジェクト http://www.soumu.go.jp/menu_seisaku/ictseisaku/ictriyou/02ryutsu02_03000092.html

30) 河北新報社：「河北新報 震災アーカイブ」http://kahoku-archive.shinrokuden.irides.tohoku.ac.jp/

31) 福島県庁，福島市，慶應義塾大学大学院メディアデザイン研究科等：「東日本大震災アーカイブFukusima」http://fukushima.archive-disasters.jp/

32) 国立国会図書館：「東日本大震災アーカイブ（愛称：ひなぎく）」http://kn.ndl.go.jp/

33) 学校法人東北学院：「東日本大震災の記録 Remembering 3.11」http://archive311.tohoku-gakuin.jp/

34) 日本赤十字社：「赤十字原子力災害情報センター デジタルアーカイブ」
http://ndrc.jrc.or.jp/

35) 宮城県多賀城市：「たがじょう見聞憶——史都・多賀城 防災・減災アーカイブス」
http://tagajo.irides.tohoku.ac.jp/

36) 宮城県仙台市：「フォトアーカイブ 東日本大震災——仙台復興のキセキ」
http://www.city.sendai.jp/shiminkoho/shise/daishinsai/zenkoku/photoarchive/index.html

37) 宮城県東松島市：「ICT地域の絆保存プロジェクト」http://www.lib-city-hm.jp/lib/2012ict/shinsai2012.html

38) 総務省：「被災地域情報化推進事業(情報通信技術利活用事業費補助金)」
http://www.soumu.go.jp/shinsai/ict_fukkou_shien.html

39) 八戸市，三沢市，おいらせ町，階上町：「青森震災アーカイブ」http://archive.city.hachinohe.aomori.jp/

40) 久慈市，野田村，普代村：「久慈・野田・普代震災アーカイブ」http://knf-archive.city.kuji.iwate.jp/

41) 福島県郡山市：「郡山震災アーカイブ」http://shinsai.koriyama-archive.jp/

42) 宮城県図書館：「東日本大震災アーカイブ宮城〜未来へ伝える記憶と記録〜」
https://kioku.library.pref.miyagi.jp/

43) 千葉県浦安市：「浦安震災アーカイブ」http://urayasu-shinsai-archive.city.urayasu.lg.jp/

44) 岩手県：「震災津波関連資料の収集・活用等に係るガイドライン」http://iwate-archive.pref.iwate.jp/aboutus/

45) 岩手県：「いわて震災津波アーカイブ〜希望〜」http://iwate-archive.pref.iwate.jp/

46) 福島県文化スポーツ局生涯学習課：「「東日本大震災・原子力災害アーカイブ拠点施設」に関する資料収集ガイドライン」https://www.pref.fukushima.lg.jp/site/portal/ps-sinnsaikirokuhozon2.html

47) 茨城県：「茨城県東日本大震災デジタルアーカイブ」http://archive-ibaraki.platform.or.jp/

48) 四国クリエイト協会：「四国災害アーカイブス」https://www.shikoku-saigai.com/

49) 三重県，三重大学みえ防災・減災センター：「みえ防災・減災アーカイブ」
http://midori.midimic.jp/

50) 静岡県下田市，東伊豆町，河津町，南伊豆町，松崎町，西伊豆町，下田土木事務所：「賀茂地域・災害アーカイブ"賀茂は一つ"」http://kamo-saigai.pref.shizuoka.jp/

51） 中部地域づくり協会：「中部災害アーカイブス」http://www.cck-chubusaigai.jp/

52） 宮城県名取市図書館：「名取デジタルアーカイブ」https://lib.city.natori.miyagi.jp/libarc/homes

53） 国土交通省天竜川上流河川事務所：「三六災害アーカイブス」http://www.cbr.mlit.go.jp/tenjyo/36saigai/index.html

54） 国土交通省天竜川上流河川事務所，信州大学附属図書館：「語りつぐ"濁流の子"アーカイブ」http://lore.shinshu-u.ac.jp/

55） 奈良県：「紀伊半島大水害大規模土砂災害アーカイブ」http://www3.pref.nara.jp/doshasaigai/saboarchive/

56） 広島県：「地域の砂防情報アーカイブ」http://www.sabo.pref.hiroshima.lg.jp/saboarchive/saboarchivemap/index.aspx

57） 国立民族学博物館：「津波の記憶を刻む文化遺産――寺社・石碑データベース」http://sekihi.minpaku.ac.jp/

58） 海洋研究開発機構谷川亘氏：「地震津波碑デジタルアーカイブ」http://www.jamstec.go.jp/res/ress/tanikawa/

59） 総務省：「震災関連デジタルアーカイブ構築・運用のためのガイドライン」http://www.soumu.go.jp/menu_seisaku/ictseisaku/ictriyou/02ryutsu02_03000114.html

第2章

放送局による
東日本大震災アーカイブの意義

NHK東日本大震災アーカイブスを事例に

宮本聖二

はじめに

　放送局にとって最優先で取り組まなければならないのが災害報道である。特に2011年の東日本大震災では取材、報道の過程で膨大な映像が記録され、これまでにも数多くのニュースや番組が制作され続けている。また、多くの市民がデジタルカメラや携帯電話などのデジタルデバイスで災害の映像記録を残し、その多くが放送局に提供された。デジタルの時代を迎えて、報道・放送後もこれらの映像や制作された番組群は、何らかのプラットフォームを構築して災害後に活用されるべきコンテンツである。そして、その実現に向けて技術的には十分可能な環境は整っている。

　では、東日本大震災に関する放送局によって生み出されたその大量の映像群を閲覧、利用するためのデジタルアーカイブの構築はどのように行われているだろうか、また、その利活用はどのように進められているだろうか。

　ここでは「NHK東日本大震災アーカイブス」[1)]を中心に、放送局による震災に関連するデジタルアーカイブについて記述する。なお筆者は、このデジタル時代において放送局による震災に関する映像コンテンツの公開や活用の推進は不十分だと考えている。そこで何が障壁になっているのかなど問題提起する。

1　NHKの東日本大震災報道と番組

　東日本大震災では、被災地を始め全国の放送局がその持てる力を投入して災害報道に当たった。ここでは、NHKの事例を中心に発災時から当分の間の報道、番組制作について述べる。

　公共放送であるNHKは、「災害対策基本法」で「報道機関として唯一、指定公共機関と定められ、大規模災害が起きた時は、国民の命と財産と命を守るため防災情報を正確・迅速に伝える責務」を負っている。

　2011年3月11日午後2時46分に東北沖を震源とするマグニチュード9.0の巨大地震が発生。すぐにNHKは全放送局、全組織をあげて緊急報道を始めた。まず、地震発生の瞬間の午後2時46分、国会中継の最中に緊急地震速報を送出し、2分後の48分に画面をニュースセンターに切り替え、臨時ニュースを開始した。その時点からNHKは保有する全8波(総合、教育、衛星第1、衛星第2、衛星ハイビジョン、ラジオ第一、ラジオ第二、FM)で3日間徹底した震災の報道を行った。総合テレビでは発災から1ヶ月間に571時間52分間にわたって震災に関するニュースと番組を放送した。そのために被災地には、全国から数多くの記者、カメラマン、ディレクターが入って取材、撮影を行い、大量の映像が記録された。その撮影された映像素材は、放送されなかったものも含めて東京・報道局に集められた。そして、緊急報道が落ち着いたところでメタデータをつけてアーカイブ化する作業が始まった。撮影された映像の量は、報道局だけで(番組制作局系の取材を除く)発災から1ヶ月間で、HDカムテープ(40分収録)でおよそ1万4,500本に上り、数ヶ月かけてデジタル化(メタデータ付与とファイルベース化)が行われた。

　そこにはNHKが撮影したものだけでなく、警察や消防、海上保安庁、自衛隊など各機関が撮影した映像、視聴者から寄せられた動画も大量にあった。東日本大震災は、多くの人が映像記録機能を持つデジタルデバイスを持っている中で起きた初めての大災害であった。一般の人々が撮影した、地震の揺れ、津波、被害状況、避難する様子、避難所などについて膨大な映像が記録

されたのだ。

　緊急報道が一段落したあと、NHKは地震や津波のメカニズムに科学的な
アプローチで迫る、震災時の人々の行動心理を分析する、また、原発事故が
なぜおきたのか、がれき処理や復興の課題を追求するドキュメンタリーから
ドラマ、地域の復興支援をねらいにした歌謡番組なども含めて、さまざまな
テーマや視点で番組を作り、放送し続けている。つまり、莫大な量のニュー
ス、番組、さらにそれらを作るための映像素材が生み出されアーカイブされ
ている。

2　NHK東日本大震災証言プロジェクト

　発災から3ヶ月後の2011年6月に、被災者の証言に特化した番組を作り、
さらにデジタルアーカイブでの配信を行う「東日本大震災証言プロジェクト」
が発足した。このプロジェクトは、NHKが3年に一度、これからの3年間の
取り組みについて策定し公表される「NHK経営計画(平成24年度〜26年度)」の
中で、重点施策として位置付けられたものだ[2]。この経営計画には、「災害
映像・被災者の証言等を体系的にアーカイブ化、放送やインターネットで広
く公開して、防災・減災に貢献」とある。筆者が制作責任者を務めたこのプ
ロジェクトでは、体験者の証言を中心にした番組「あの日わたしは」(月〜木総
合テレビ午前、5分間)、「証言記録　東日本大震災」(総合テレビ月間1本、43分間)を
制作し、放送(2019年6月現在放送が続いている)。そして、その取材過程で収録
したインタビューの素材からネット視聴用の映像を編集して、デジタルアー
カイブ化して公開するというもの。そのデジタルアーカイブが「NHK東日本
大震災アーカイブス 証言Webドキュメント」(「東日本大震災アーカイブス」)(図1)
である。発災からちょうど1年後の2012年3月にサイトを立ち上げ、公開を
開始した。

　これは、多くの人々がテレビだけでなく、ネットから動画コンテンツを視
聴する時代になり、放送局としては放送を出すとともに、ネットに動画コン

038 ──────　第1部　震災・災害の記録を残すことの意義と目的

図1　NHK東日本大震災アーカイブス（公開当初）

テンツを配信することがきわめて重要であると認識するようになったからである。（さらに、NHKの2018年からの3カ年経営計画には、自らをこれまでの「公共放送」ではなく「公共メディア」と言い換え、放送を柱にしつつインターネットをいっそう積極的に使い、ニュースや番組をできるだけ多くの視聴者に届けることを宣言している。）

　ところで、このNHK東日本大震災アーカイブスを立ち上げようとした時は、災害に関する動画コンテンツのデジタルアーカイブを構築することについて、NHK内には知見や前例がほとんどなかった。そうした中で保有する震災の映像を使ってインターネットで伝えるためにどのような構造にし、どんなインターフェースを持たせれば良いのか、コンテンツやメタデータの入力をどうするのかという検討から、限られた時間の中でコンテンツそのものをどのように制作して行くのか、あるいは後述するように「ニュース映像」をインターネットで公開するべきなのかなど、およそ10ヶ月にわたる検討や議論の末、公開にこぎつけた。ここからは誰がどのように利活用するのかを

想定して、そこから逆算するかたちで行ったアーカイブの設計や構造について記述する。

3 東日本大震災アーカイブス

3-1 番組連動型のデジタルアーカイブ

このNHK東日本大震災アーカイブスは、放送された番組やニュース、その素材を配信するデジタルアーカイブである。放送法の規定で、NHKがインターネットに向けて配信するコンテンツは放送番組もしくは放送番組と関連したものでないと配信できない。また、配信開始は放送後である。

まず、仙台放送局、盛岡放送局、福島放送局を中心に、青森放送局や水戸放送局、千葉放送局といった被災地の放送局が被災者の証言をベースにしたニュース番組をローカルで放送をする。その後、編集の素材となるインタビューと放送された番組のビデオテープが東京の放送センターに設けられた東日本大震災証言プロジェクトに集められる。そしてその番組と素材をもとに5分番組「あの日わたしは」と、同時にデジタルアーカイブ用の動画コンテンツを作っていく。さらに、プロジェクトでは月に1回、43分のドキュメンタリー番組「証言記録 東日本大震災」を制作し放送するが、この過程で収集した証言インタビューの素材からも配信用の証言のコンテンツを制作することにした。

3-2 配信コンテンツ──ニュース映像

こうした被災者の証言の動画が東日本大震災アーカイブスのコンテンツの中心となった。しかし、被災者の語りが中心の動画だけでなく、利用者が東日本大震災で何が起きたのかを知るには、震災の実態を映像で見なければならない。そこで、発災時に放送したニュース映像をアーカイブのコンテンツに加えたいと考えた。しかも、できる限り多く公開することにしたかった。

しかし、このことはNHK内で議論となった。これまで、NHKではニュー

040 ──────── 第1部 震災・災害の記録を残すことの意義と目的

スをインターネットで公開することはほぼしていなかったからだ。ニュース
の場合、特に今回のような災害が起きた時には全容がわからないまま伝え続
けなければならず、時間を追って伝える内容は刻々と変わって行く。新たな
取材や入手した情報でアップデートされて行く。マグニチュードや被害の規
模なども確定するまでは見込みの数値などが放送に出続ける。それは生放送
だから当然のことではあるにしても、後から見れば事実と異なる情報だった
りするわけだ。しかし、東日本大震災発災時にはニュースの途中に津波が押
し寄せ、それをヘリコプターなどが生中継で伝えた(図2～図4)。その映像は
震災の実態を伝えるには非常に貴重なコンテンツである。地震の揺れ方、津
波の規模、強さ、速さが一目でわかるからだ。映像だからこそ震災を分析す
る重要な資料になるのは間違いない。

　そこで、発災時のニュースの公開に関してNHK内で徹底的に議論をした。
後から見れば正確とは言えない情報を含んだ「ニュース」を固定化して配信し
続けることのリスクと公開することで社会に有用な情報を提供しうることを
比較しての議論であった。

　その結果、震災の実態を未来に伝えるためには当時のニュース映像は大
きな役割を果たすと、NHKとして初めてほぼ放送時のままかなりの量の
ニュース映像(2018年12月現在、136本)を配信することにした。上述したよう
に当時のニュースなので、その中で伝えられる内容には、死者・行方不明者
数を始めその時点での情報がそのまま出ている。また、発災当日のニュース
には様々な字幕や津波警報を知らせる地図も画面に出し続けている。これは、
そのまま公開することにして、サイト上に下記の注釈を付けることにした。

　　「ニュースの映像は、2011年3月11日午後2時46分の地震発生時以降、
　　NHKニュースで放送したものをもとにこのサイトで公開するためにク
　　リップ化しました。このニュースのなかで伝えられているコメントや字
　　幕などは、放送された時点での情報のままです。」

図2　2011年3月11日午後2時46分地震発生

図3　岩手・釜石市の津波のニュース

図4　津波の生中継映像

3-3　議論になったニュースのネット配信

　ニュース映像は、まず被災した人々のために配信したいと考えた。被害の大きかった地域の人々の多くは、発災から長期にわたってテレビの報道を見ることができなかった。自宅を追われたり、停電にもなったりしたからだ。故郷がどのような災害にあったのかをデジタルアーカイブのニュース映像があればいずれ知ることができ、被災者は、自分が一体どのような災害を生き延びたのかということを映像で確認できる。

　そこでできる限り多くのニュース映像を公開することにしたが、配信に当たってはニュース映像に何が写っているのかを精査した。津波に飲み込まれる自動車の中に人影が見えるなどがあった。家族を亡くした方からすると映像の撮られた地域によってはその人影が自分の身内ではないかと思わせてしまうことが起こりうる。事実、以下のようなことがあった。複数の人が建物の屋上に避難して止まっている様子の写真を放送で使用したが、その避難し

ていた人々の多くが、写真が撮られた後に津波にのまれて亡くなったり、行方不明になったりした。その番組の放送後、「その写真に写っている人々の中に自分の家族がおり、肉親の最期の姿を見て大きな衝撃と苦痛を受けた」と、その写真を放送したことに対して、BPO・放送倫理・番組向上機構に対してNHKに謝罪を求める申し立てがあった。多くの犠牲者が出た震災だけに、単に資料性のためだけにあらゆるコンテンツを出して行くことは難しいという事例である。

避難所についても同じことが言える。東日本大震災ではその規模と広域性から発災から2週間を超えても、各地の避難所は混乱が続いた。食料を始め生活必需品が避難所に届かないなど被災者の苦しみは長く続いた。ニュースを放送した時点では、避難所の実態を伝えることに大きな意味があった。避難所の抱える問題を報道することで行政や人々にそのことに気づかせ、その解決に動き出すことにつながったからだ。しかし、デジタルアーカイブで配信するこの避難所の様子を伝えるニュース映像は、実態を伝え解決策を講じるというという意味での緊急性・必要性は失われる。もちろん、次に起こるかもしれない災害に備えるために避難所の施設や備蓄や物資の輸送の在り方を検討するための材料にはなりうる。しかし、避難所についてのニュース映像については公開に踏みきった本数は少ない。避難所からの生中継やニュースがその窮乏状態を当時伝えてくれたことはありがたかった、しかし時が経過してからは避難所での日々はとても辛かった、思い出したくもないという人が少なくなく、避難所にいた人々のネット配信のための肖像権の処理も事実上不可能なのでほとんど公開できなかった。

ただ、デジタルアーカイブでの視聴は、放送とは異なりテレビを見ていて目に飛び込んでくるものではなく、自ら選択して視聴するものである。今では、やはりできる限り被災した方々の理解を得て避難所での様子を捉えたニュース映像も公開すべきではないかと思っている。

3-4　配信コンテンツ——復興に関するニュース

　復興に向けての動きを伝えるニュースは追加され続けている。2018年12月現在725本になる。災害の記録だけでなく前を向いて進む姿の報道は、被災地の復興の後押しにつながるとして、設計時からアーカイブすべきコンテンツとしていた。復興のニュースの最も初期のもののなかに、岩手県の「三陸鉄道の一部再開」がある。発災から9日後の2011年3月20日の放送。三陸鉄道は震災で全線が不通となったが、16日の久慈と陸中野田間に続いてこの日、宮古と田老の間の運行が再開された。鉄道会社は被災地を励ましたいと一部でも早期に再開させるために懸命の復旧活動を行ったのだ。しかし、早期に再開したがゆえに車窓から見えるのは震災前とは一変したがれきに埋もれた沿岸部で、乗客の中には涙を流す人も見られた（図5）。

図5　列車からがれきを見て涙を流す女性

　この復興のニュースは、当初から定点観測としての要素を持たせられたらと考えていた。特に「三陸鉄道」については継続的にニュースを加えていった。2011年10月の休止区間の線路の上を歩く催し、2012年4月1日の田野畑と陸中野田間の再開、2013年の12月23日の列車内でのクリスマスイベント、2014年の4月6日の全線再開、そして2017年10月の、震災当時高校1年生だった地元・宮古出身の女性運転士の誕生というニュース（図6）など、13本がこれまでに公開されている。最新のニュースの中で、若い女性運転士は

「命を預かることを感じながら、地元や沿岸地域を元気にしていければと思う」と語っている。こうした一連のニュースを見ることで三陸鉄道の復旧・運行再開などの経過、復興に向けて歩む地域の人々の姿が鉄道とのつながりの中で見えてくる。これは時間経過による変化を点がつながって線として掴む、デジタルアーカイブだからできることだ。

図6　震災から6年半の三陸鉄道

3-5　配信コンテンツ──「空から見た被災地」

　さらに、仙台放送局が制作した「空から見た被災地」というヘリコプターによる宮城県内の町や村の姿を撮影した映像もこのアーカイブの重要なコンテンツである。全部で71本（2018年11月現在）配信している。1本あたり3分から4分程度。このコンテンツの中には、1本の中に、同じ場所や建物の震災前、震災直後、そして復興がある程度進んだ様子を一覧できるようになっているものもある。例えば、石巻市で見てみる。71本の中に石巻を撮影したものは14本ある。石巻市は、宮城県内で仙台市に次ぐ第二の人口規模を持つ都市だが、震災での死者行方不明は3,725人と被災した全市町村の中で最も被害が大きかった自治体だ。全国有数の水揚高を誇った石巻漁港は地震と津波で壊滅的な被害を受けた。石巻港については何度も「空から見た被災地」として放送されてきた。そのうち2014年7月31日の4分44秒の映像の中に、こ

図7 「空から見た被災地」(2014年7月31日)から、左から被災前、震災直後、東棟完成直後の石巻魚市場

の日復興が進み一部が完成した市場の建物、発災直後の潰れてしまった建屋、そして震災の1年前の姿も合わせて見ることができる(図7)。

3-6　配信コンテンツ——5分版のNHKスペシャル

　東日本大震災、特に津波のメカニズムなどにフォーカスしたコンテンツとしてニュースや証言とは異なる情報量の多いドキュメンタリー番組を公開することにした。しかし、インターネットでの視聴には長時間のコンテンツは向かないと考え、NHKスペシャル(放送時間は通常49分)を5分にまとめた「Nスペ5min.(ファイブミニッツ)」を配信し、これまでに全部で7本を公開している。そのうち、4本が「巨大津波」シリーズで、津波発生時に避難をしなかった人が少なくなかった閖上の人々の行動を分析してその心理に迫った2011年10月放送の「巨大津波　その時ひとはどう動いたか」などがある。特にこれらの番組は防災の学びやワークショップなどで利用するために有効だろうと考えてアーカイブに加えることにした。

4　映像で見る、聞く「被災体験」

　ここまで述べて来たように、このアーカイブで公開している被災体験の動画は、発災直後から被災地のNHK各放送局と全国から派遣された大勢の記者、ディレクターたちが災害を生き延びた人々のインタビューを収録し、時間が経過してからは復興に携わる人々にも語ってもらっているものだ。それ

ぞれの放送局で放送したあとはその撮影素材を東京のプロジェクトで受け取り、新たに編集して東京発で全国に放送(番組名:「あの日私は」、2018年11月現在NHK総合、月〜木、午前10時50分〜55分)、その後さらに新たな編集を加えてデジタルアーカイブ用コンテンツに仕上げるというワークフローとなっている。2019年6月現在公開している証言者は1,014人になる。

　ここでは、アーカイブの柱となる「証言動画」と構造について述べる。

　インターネットで公開する動画は、放送番組と違い時間の制限はない。放送時間のためにあえて落とした部分にも貴重な証言があるので、放送では5分だが、アーカイブで配信する動画は、証言によっては15分以上のものを公開することにした。さらに動画に関して番組と異なるのは、インターネットでの利用者の見やすさを配慮して2つから4つのチャプターに切り分けたことがある。チャプターの冒頭には、見出しの字幕を入れた。

　ここでは、コンテンツの柱である証言やその他の映像を視聴するページについて解説する。

　まず、放送とは異なるインターネットの特性を生かすことを心がけた。同一の画面で、動画、テキスト、図や写真などから出来る限り多くの情報が容易に得られるような構造にした。時間経過で"流れていく"放送とは異なるからだ。

　ところで、この東日本アーカイブスでは、公開当初と2019年6月現在の構造では異なる点がある。

　公開開始時、このアーカイブのコンテンツとグーグルマップをAPIで連動させることで証言者がどこにいたのか、映像に写っている出来事がどこで起きたのかを一瞥でわかるようにした。2019年6月現在は、その地図の機能が使われていないが、ここでは公開開始時の地図と連動させた構造に基づいて記述する。

　右記は、証言を視聴するページである(図8)。左側にスクリーンと証言内容を書き起こしたテキストが表示される。証言者に関する情報(名前、発災時の年齢、職業、収録年月日)がメタデータとして入力されており、画面上に表示

①　津波と火災の範囲を同時に表示
②　津波の浸水深を色分けして表示

図8　マップと連動した証言動画視聴のページ

される。証言動画は4つのチャプターに分けられていて、利用者は見出しタイトルを読んで選んで視聴できる。

　自治体別の被害に関する情報は、③のところをクリックすることで、被災市町村の人口やおもな産業などのほか、被災面積、死者・行方不明者数などのテキスト情報が現れる。

　ある証言やニュースなど見た後、同一画面の地図から、さらに次々に別の映像コンテンツを選んで見てみる。そうすることで、地域全体で何が起きたのかの情報を増やすことをねらいにした。

　さらに、地図上に次の情報を表示することにした。①津波がどこまで押し寄せたのか、あるいは火災がどこで起きたのか、②その津波の深さから家屋

が壊れた地域はどこなのかなど、切り替えながら画像で確認できる。このデータは、国土交通省などが調査したものをビジュアル化したものである。

動画の証言者が、どれだけの高さの津波が押し寄せたところにいたのかも一目で確認できる。また証言者によっては、地震から津波が押し寄せるまでの間に移動した人もいる。それは避難だったり、家族の安否確認だったり、消防団の活動であったり、そうした行動の経路を確認できた人はその証言のチャプターと結び付けて地図上に表示することにした(図9)。より証言の内容を地図の上に顕在化させることができないかと考えたのだ。

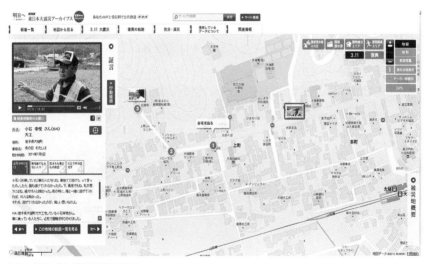

図9　証言者の移動経路を表示

証言者は、どこで何をしている時に地震や津波に遭い、そしてどのようにして自分や他人の命を守ったのか、あるいは被害を抑えることにつながったのは何か、あるいは何が被害を大きくしてしまったのかを語る。ここでは2人の証言で見てみる。

1人目は、気仙沼市の南郷一区の副会長だった伊東征吉さん(図10)。

自宅近くで地震に襲われた伊東さんは、

第2章　放送局による東日本大震災アーカイブの意義 | 宮本　　　　049

図10　証言する伊東征吉さん

・激しい揺れが収まるとすぐに拡声器で近所の人たちに、近くの南気仙沼小学校に避難するよう呼び掛けて回った。
・しかし、地域の人々の中には積極的に避難をしようとしない人々が多くいた。
・地震からおよそ40分後。大川に津波が押し寄せ、堤防を越えすぐに南気仙沼小学校の校庭にまで入ってきた。

証言から抜粋すると、

「今までに感じたことのない大きな揺れの地震だったですから、間違いなく津波は来るなということは思っていました。とにかく急いで学校の方に避難しろと。」
「そんなに津波は、大きいのは来ないだろうと、たかをくくって、ゆっくり歩いている(人がいた)。こっちは気がもめて、とにかく急いで走って、高い所に上がれということで言いました。」
「何人かの男性の方は(津波を)見たりしていましたけれども、こっちもそういうのは、やめてすぐ来いということは言いましたけれども。」
「とにかく、一早く何があっても高いところに避難するんだという訓練さえやっておったらば、こんなにね、亡くなる人は出なかったんじゃないかなと。二度と死者を出さないようなね、そういったことは努めたいと思ってますね。」

さらに伊東さんの話では、

・震災の9か月前、地区では、初めて津波からの避難訓練を行っていた。

したがって、もっと訓練を重ねて津波への危機意識を地域一体になって高めていれば、亡くなる人は出なかったのではないかと考えている。
　伊東さんの証言は、地域で防災を担う「立場」にあった人が何を体験し、何を思ったのかである。災害に対する切迫感を地域のほかの人々と共有すること、避難訓練をもっと数多く行うことが人ようであることを伝えている。

　2人目は、地震の後に津波が押し寄せさらに火災に見舞われた岩手県大槌町の小石幸悦さん(図11)。

図11　証言する小石光悦さん

小石さんの置かれた状況や行動は、

・家を出てすぐに、自宅前の国道が、近くの大型ショッピングセンターから避難する人の車で渋滞しているのを目にし、車の中の人に向かって逃げるよう叫んだ。
・津波は、小石さんの足元まで押し寄せてきたため、少し高台になっている国道脇の神社まで走って逃げた。

・再び津波が押し寄せ、火災も発生。あたり一面は火に包まれた。
・目の前に迫った炎の前で、何もすることができなかった。

　証言を抜粋すると、

「駄目だよ、津波が来ましたから逃げてください、逃げてくださいって言って、その辺まで10ｍぐらいまで行って。そうしたらもう車に乗っている人がショロショロしているわけ。そうしたら水が来たものだから、ほら、私は駄目だから車捨てろって。車捨てなさい、駄目だから、人だけ逃げてくださいって」

「見えているんだよ。もう足元まで水が来ているのに逃げないんだよ。車のハンドル持ったまま身動き出来ない状態だったの。」

「助けてくれっていう悲鳴。それがこの辺の方々で起きたのよ。ところが煙で見えなかったの。どこで叫んでいるんだか分からなくて。たまたまここの3階建ての建物がここにあったの。屋上に、女の人たちの3人ぐらいの人がいて、助けてください、助けてください、助けろーって言うわけ。

　だけど、この辺前まで火災が起きているから、助けられない状態で、それが何となく地獄絵図みたいな感じで今残っている。」

　ここでは、津波や火災が発生する中での自動車での避難・移動についての事例である。車中で被災した証言は数多くあるが、実は必ずしもこうしなければならないという「解」はない。渋滞の有無、地震時にいた場所と避難所との距離、体が不自由な人を抱えているなどの条件もあり、利用の仕方などによっては、避難に車を使ったほうがよい場合もあるし、車に乗っていて津波に巻き込まれたが車中にいたがゆえに助かった人もいる。このアーカイブの利用者の方々は、数多くの同様のシチュエーションの証言を見ることで、どのような状況にどう行動すべきかのヒントを得ることができるのではないだろうか。

5 キュレーションによる防災・減災の学び

2019年6月現在、証言の数は1,014人、ニュースは1,000本近い。災害に関する映像コンテンツのデータベースとしては世界有数の規模である。一方で、コンテンツ数が多くなってくると利用者は自分の目的に応じてコンテンツを探そうにも、何がどこにあるのか探し出すのは難しくなる。そこで、キュレーションを施し証言などのコンテンツを分類して解説などを付加して表示することで、できる限り利用者がコンテンツを探しやすくすることができるような構造を持たせようとした。

伊東征吉さんのような災害時に避難誘導に当たる町内会の役員や区長、あるいは幼稚園や保育所、学校など「特定の人々が集まる施設の責任者」、大型小売店舗や空港など「不特定多数の人が大勢集まる可能性のある施設の責任者」、お年寄りや要介護者など「体の不自由な人々」など証言者の立場別に分類したほか、小石さんのような「避難中の自動車利用」や「家族の安否の確認に手間取った」、「避難先でさらに被害にあった」など、証言者が直面した「状況」別にも証言を分類したページ「防災・減災を学ぶ」を設けた。

図12の、「子どもたちの津波避難」では、保育園、幼稚園、小中高校の園長や先生方が、どのように発災時子どもたちを無事に避難させたのかの証言を一覧で視聴できる。

図の中の「考えるポイント」については、東北大学の災害国際科学研究所所長の今村文彦教授に、利用者が、証言を見て聞くことで何を教訓として読み取るべきかを記述していただいた。

この特集の利用者には、自分の「立場」に近い人の証言や自分が震災時に陥る可能性のある「状況」での証言を選んで視聴した上で、この「考えるポイント」を踏まえていただき、自分や家族、地域の防災に役立てて欲しいと考えた。

このようなキュレーションは、次項に述べるような「学び」につながると考えている。

第2章　放送局による東日本大震災アーカイブの意義｜宮本 ──── 053

防災・減災を学ぶ
住民を守る責務

第2回 子どもたちの津波避難

東日本大震災では、教育現場に大勢の子どもたちがいるときに大きな地震が起こりました。保育園や幼稚園、学校の教職員の方々は、どのような行動と判断で子どもたちを守ったのでしょうか。

 考えるポイント

　多くの人々は、地震のあと一人一人の子どもの人数と安全を確認し、素早く次の行動に移りました。そして、できる限り高い所に子どもたちを誘導して命を守ることができました。

　学校や幼稚園・保育園などでは、訓練を繰り返す中で、避難場所までの誘導時間や、誘導に必要な人数などを具体的に評価しながら、津波避難計画を練り上げることが必要です。そして、予測しない事態が発生した場合に備えて、次善の策なども考えておくことが大切です。

　また、保護者との連絡手段や子どもを引き渡す方法などについても検討が必要です。

防災・減災一覧
震災からわが身を守る ＋
住民を守る責務 －
　第1回　町内会役員として
　第2回　子どもたちの津波避難
　第3回　高齢者を守るために
　第4回　あなたがお店の責任者だったら
　第5回　帰宅困難者にどう対処するか
　第6回　消防団員として地域を守る
防災授業・ワークショップ ＋
講演会 ＋

NHKそなえる防災

揺れる前に知らせる
「緊急地震速報」

青森県八戸市　石田良二さん
園児を集団で避難させた

図12　防災減災を学ぶ　子どもたちの津波避難

6　教育の場での学び

　このデジタルアーカイブは、当初から教育現場での防災の授業に活用されることを狙いにした。都内の中学校では、毎年行う避難訓練にこのデジタルアーカイブ視聴を組み込んでいただいた。実は、テレビ番組は、教員が自ら録画して教室で子どもたちに視聴させるには著作権法上問題はない。しかし、

もし授業で使いたいと思っても教員の手元に番組のDVDなどソフトがない場合、放送局としては提供する仕組みがほとんどない。こうした時、デジタルアーカイブであれば、インターネット配信の著作権処理ができているので原則ネットがつながればどこでも大勢で見ることができる(図13)。

例えば、東京・多摩市立聖ヶ丘中学校では、避難訓練で教室から体育館に移動した後、このアーカイブの証言を見た(図14)。

図13　防災授業・ワークショップのページ　　図14　聖ヶ丘中学校での防災の授業

7　国語の授業に組み込まれた授業の事例

次に、沖縄の高校での防災授業の事例を紹介する。「沖縄は本土に比べて地震が少ない」という根拠のない言説が人々の間で語られることが少なくない。沖縄諸島は、ユーラシアプレートとフィリピンプレートの境目にあり、大地震発生の可能性は本土と同様の確率もある。しかも、島嶼県の沖縄は沿岸部に人口が集中し、離島によっては最高高度が15 mの黒島、33 mの竹富島など、波高の高い津波が発生すれば逃げ場がないような有人島がある。実際に、1771年4月に八重山地方で地震に伴う最大波高30 mの津波が発生、1

万2000人もの死者行方不明を出した(「明和の大津波」)。その沖縄の若者たちに学んでもらいたいと、那覇市の県立真和志高校の3年生の国語の授業で2時間連続で東日本大震災アーカイブスのコンテンツを視聴してもらった(図15)。ここで実現に至るまでの経過を詳述する。

まず、ICTを活用した授業に取り組む当該高校の教員に連絡して、授業に取り組んでくれる教員を紹介していただいた。担当してくれたのは20代の具志堅奈美教諭。東京と沖縄と遠隔でのやりとりになるので電話やメールで連絡を取り合い、進め方や授業構成を詰めていった。ある程度固まったところで、授業構成を東北大学災害科学国際研究所所長の今村文彦教授に目を通していただき、ミスリードすることのないようにした。その構成を互いにメールでやりとりして、アーカイブのコンテンツのうち、地震の揺れを伝えるニュース映像を視聴し、その後津波の映像を視聴することにした。福島県郡山市での震度6強の揺れを捉えたニュース。宮城県名取市閖上地区での津波が押し寄せる様子を捉えたヘリからの生中継の映像を見ることにした。地震の揺れと津波の強さと速さを映像で知るのをねらいにした。これらのコンテンツの視聴後に、具志堅先生が生徒に何を感じたのか、読み取ったのかを聞いて生徒の発言させる。

2時間目は、証言の動画を視聴することにした。1人目は、福島内陸部の

図15　沖縄県立真和志高校での防災を学ぶ授業

出身で地震に伴う津波の危険を意識していなかった、発災時妊娠中の主婦の証言。被災場所は岩手県釜石市。地震の後周りの人の呼びかけで避難することがかろうじてできた。避難所で妊娠中である事に気をかけてもらい、その後無事に出産できたことを語る。地震発生時には津波の危険を意識する、また災害時に弱者をいかに守るのかを知ってもらう。2人目は、前述した石巻市の町内会長伊東さんの証言動画を視聴した。北上川沿いの小学校に地域の人々を誘導して避難させていたが、それでも避難をしない人がおり、少なからず犠牲者が出たことを話す。3人目は、同じ高校生の証言。高校が避難所になり地域の人々を受け入れた体験を証言したもの。同じ立場の高校生が震災で何を見、何を体験したのか、興味を持ちやすいのではないかと選んだ。学校に避難してきた人々をどのように迎え、高校生がどんな役割を果たしたのかを語る。

　最後に、沖縄で起こりうる地震・津波災害は東日本大震災とはどう異なるのか、どんな特徴があるのかを学ぶ。この部分は沖縄の研究者に話してもらった内容のDVDを再生した。これは、デジタルアーカイブにはないので、授業の前日に琉球大学理学部の中村衛教授にインタビューを行い、すぐに編集して授業最後のまとめとして視聴してもらった。

　これは、他の地域で行うときにもこうしたカスタマイズができればより良いと考える。その地域の状況に詳しい専門家や研究者の話を聞いてより自分ごととしてもらうためだ。その方に余裕があれば、授業に参加してもらうのが理想的だ。

　授業の締めくくりに、先生に用意してもらったワークシートに生徒たちに記入してもらった。話を聞くだけでなく、学びの定着を図るためである。視聴した映像はリアルなために生徒たちにはショックでもあるがかなり心に届いたようだ。この授業については全体をカメラで収録して編集、映像コンテンツにして東日本大震災アーカイブスで視聴できるようにした。これは、映像を見てもらってこの授業を模倣してもらうためである[3]。どういったコンテンツをどのように教員が見せたのか、その際どういう話をしたのかを知っ

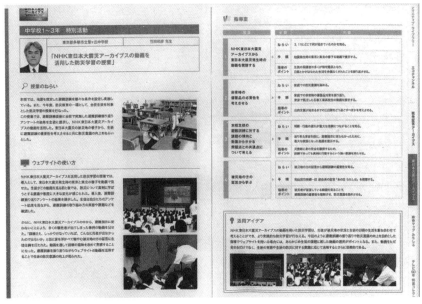

図16 実施した授業の報告(聖ヶ丘中学校)

てもらい、この授業を真似て広く実施してもらうのが狙いである。

さらに、防災授業を担当した教員に授業の流れを文章化してもらい、ガイドブックとしてまとめて全国の小学校、中学校、高校に配布した(図16)。

8 地域でのワークショップ

2013年夏には、南海トラフを震源とする地震発生による巨大津波の襲来が懸念される高知・南国市で町内会の役員を集めた、東北大学災害科学国際研究所所長の今村文彦教授の行うワークショップに参加した。参加者には、津波災害に関して自分事として考えるための材料として東日本大震災アーカイブスのコンテンツを視聴してもらった(図17)。ある町内会はワークショップ終了後に町内会のメンバーを集めた勉強会を開催したところもあった。

図17　高知県南国市でのワークショップ

9　メディアが保有する映像のオープンソース化

　述べてきたように、放送局はその幅広い取材力とネットワークで膨大な量の映像を撮影し、視聴者などからも映像を収集している。映像と音声は、見る人の理解や知識の定着を進める強い訴求力を持つ。津波の速さ、強さは一目で理解できるし、被災した方々の体験はその表情と声で心に届く。それだけにこれらの映像は、アクセスできるようになれば、東日本大震災のディテールから全体像までを集合的な記憶装置とし、被災した人々のためだけでなく、次の災害に備えるための集積となる。また、技術革新によってそのことは容易に実現できるはずである。

　これまで述べてきた通り、NHKは「東日本大震災アーカイブス」で被災体験の証言映像を始め、発災時から復興のニュース映像を公開している。FNN・フジニュースネットワークでは、「3.11忘れない 東日本大震災アーカイブ」で加盟社各局の撮影した映像から視聴者撮影の映像も含めて、長いもので10分を超える編集前の素材を公開している[4]。宮城県のミヤギテレビ（NNN系列）は、ホームページに「ミヤテレMOTTO」という動画のページを設け、ドローンカメラで撮影した復興する被災地の映像をアーカイブして配信している[5]。しかし、その他の放送局は、東日本大震災に関する番組やニュース映像のインターネットを通した公開の取り組み（デジタルアーカイブ

化)をほとんど行っていない。

　筆者は、さらに踏み込んで公開に止まらずデータのオープンソース化を実現するべきだと考えている。ところが、いずれの放送局もストリーミングサービスだけで、それら映像のオープンソース化、第三者への映像提供について積極的な取り組みをしていない。筆者も長年報道現場に身を置いてきただけに、ニュースのために撮影した映像の取り扱いには人権や肖像権の問題があり、特に震災に関するものは津波の映像がもたらすショックなどに対して細心の配慮が必要なのは理解している。しかし、公的機関のアーカイブでは、オープンソース化を実現しているところがある。例えば、国交省東北地方整備局のデジタルアーカイブ、「震災伝承館」では、津波発生時の映像をサイトからダウンロードできるようにして二次利用のために提供している。このサイトに「同じ悲劇を繰り返さないことを願い、この被災経験・教訓を生かすための記録を作成しました。」とし、「写真・映像等の各種資料は二次利用を想定しています。」と記している[6]。

　このように、震災の記録と記憶を次の災害への備えに生かすなら、そうした映像から二次創作をすることで、災害を分析し備えるための新たな知(コンテンツ)を生み出すことができるようにするのが理想だ。特に、東日本大震災のような広大な地域で起きた様々な様相を含んだ大規模災害に関しては、災害がとぎれることなく起こる日本でアーカイブされたコンテンツから学ぶことが多岐に渡る。放送局には災害に関する映像は「公共財」であるという意識を持ってもらいたい。

　現在はだれもがパソコンを使って映像編集をしてコンテンツを制作できる環境が整っている。研究者でも、あるいは個人でも地震や津波の映像にその専門の知見から様々な分析を加えて新たなコンテンツを作ることができ、それらを視聴することで学べることはたくさんある。南海トラフを震源とする巨大地震や首都直下型地震の発生の危険性が高まりつつあるいま、放送局が保有する映像から新たに生まれたコンテンツが大きく役立つはずだ。こうした震災アーカイブの映像のオープンソース化が進み、放送局が撮影した災害

など歴史的な出来事を伝える映像は時が経てば公共財としての価値を帯びてくるということが社会的な共通理念になることを望んでいる。

10　デジタルアーカイブで伝える原発事故避難とコミュニティ再建

　福島県では、東日本大震災は今も進行形である。2018年7月現在、およそ4万5000人が避難を続けており、原発立地自治体の双葉町と大熊町さらに浪江町のほとんどが「帰還困難区域」に指定されている。しかも、双葉町と大熊町には「中間貯蔵施設」が作られ、長期にわたって帰還ができないことが予想される地区が出現している。筆者は、福島第一原発事故によって避難している方々への聞き取り調査を取り組んでおり、ドキュメンタリーの手法を使ってカメラで収録し、映像コンテンツ化を行っている。避難指示が出ている地域から避難している方々から川内村や南相馬市小高区などすでに解除されて故郷に戻ることを選択した方々にインタビューし、その映像記録を体系的に残すのが目的だ(図18)。また、同じ方に時間をおいて複数回インタビューを行うようにしている。

　原発事故災害によって故郷を追われた人々は、除染が済んで避難指示が解除されれば果たして帰還するのかしないのか、帰還するとしたらコミュニ

図18　福島・大熊町熊川地区での聞き取り

ティをどのようにして取り戻して行こうと思っているのか、すでに帰還した人は今何をしているのか何を感じているのか、などのインタビューをデジタルアーカイブとして積み上げていき、原発事故が人々に何をもたらしたのかを空間と時間軸で把握できるようにしたいと考えている[7]。

　しかし、筆者も含めて3人の研究者でできることには限りがあり、今後は同様のテーマで取材・制作を進めて来たメディアやNPOなどと連携することで幅広く積み上げていくことができないか探っている。原発事故という未曾有の出来事による広域避難、除染、コミュニティ再建といった歴史を刻む映像コンテンツを世界中から誰もが視聴できるデジタルアーカイブが目標である。

注
1) NHK東日本大震災アーカイブス https://www9.nhk.or.jp/archives/311shogen/（2018年11月24日閲覧）
2) NHK経営計画（平成24年度〜26年度）https://www.nhk.or.jp/pr/keiei/plan/plan24-26/pdf/24-26keikaku.pdf（2018年11月24日閲覧）
3) NHK東日本大震災アーカイブス「特集 防災授業・ワークショップ」https://www9.nhk.or.jp/archives/311shogen/fa/ws/#Prevention1（2018年11月24日閲覧）
4) 「3.11忘れない FNN東日本大震災アーカイブ」http://www.fnn-news.com/311/articles/201103110001.html（2018年11月24日閲覧）
5) 宮城テレビ放送「ミヤテレMOTTO 空から見るミヤギ〜震災8年目〜」http://www.mmt-tv.co.jp/movie/（2018年11月24日閲覧）
6) 東北地方整備局「震災伝承館」http://infra-archive311.jp（2018年12月25日閲覧）
7) 関澤純「福島第一原子力発電所事故の生活再建への情報支援のあり方」『21社会デザイン研究 紀要』立教大学, 47-59, 2017

第3章

震災の記録を横断する
国立国会図書館東日本大震災アーカイブ(ひなぎく)の意義と課題

伊東敦子・前田紘志

1 はじめに

　2013年3月7日に国立国会図書館(National Diet Library、以下「NDL」という)が公開した「国立国会図書館東日本大震災アーカイブ(愛称：ひなぎく)」[1](以下「ひなぎく」という)は、東日本大震災に関する記録(以下「震災の記録等」という)を一元的に検索・閲覧・活用できるポータルサイトである(図1)。国内に分散する東

図1　ひなぎくトップページ(http://kn.ndl.go.jp/)
　トップページの画像は、ひなぎくの検索対象コンテンツの中から選び、入れ替えている

日本大震災の記録等を、国全体として収集・保存し、国内外に発信し、後世に永続的に伝え、被災地の復興事業、今後の減災・防災対策、学術研究、教育等への活用に資することを目的に、総務省とNDLが構築し2013年3月29日よりNDLが単独で運用している。

　本稿では、ひなぎく公開までの経緯や概略を説明し、その特色や意義、課題について述べる。

2　ひなぎくの概略

2-1　国の方針とひなぎく

　2011年3月11日午後2時46分、三陸沖を震源とするマグニチュード9.0の地震が発生した[2]。地震の最大震度は7、地震と津波により過去最大規模となったこの震災は、4月1日、閣議決定により「東日本大震災」とされた[3]。5月10日、復興構想会議[4]において「復興構想7原則」[5]が決定され、原則1で「大震災の記録を永遠に残し、広く学術関係者により科学的に分析し、その教訓を次世代に伝承し、国内外に発信する」ことが掲げられた。7月20日には、東日本大震災復興対策本部において、「東日本大震災からの復興の基本方針」[6]（以下、「復興の基本方針」という）が決定され、復興期間は10年間、復興需要の高まる当初の5年間は「集中復興期間」と位置付けられた。同基本方針では、5(4)「⑥震災に関する学術調査、災害の記録と伝承」において、「記録等について、国内外を問わず、誰もがアクセス可能な一元的に活用できる仕組みを構築し、広く国内外に発信すること」が掲げられた。

　このような流れを受けて総務省は、同年11月20日に「「東日本大震災アーカイブ」基盤構築プロジェクト」[7]を開始した。同プロジェクトでは、総務省とNDLとが連携し、東日本大震災に関する記録をデジタルデータにより収集・保存・公開するためのルール作りとインターネット上に分散して存在する東日本大震災に関するデジタルデータを一元的に検索・活用できるポータルサイトの構築が行われた。同省では、並行して被災地においてデジタル

アーカイブ構築・運用に関する実証調査を実施した。当該調査により青森県、岩手県、宮城県、福島県に5つのアーカイブが構築され、2013年5月には、同調査を踏まえて作成された「震災関連デジタルアーカイブ構築・運用のためのガイドライン」[8]が公開された。このガイドラインは、震災アーカイブ構築の際の指針となるものである。また、同年5月には、被災地におけるデジタルアーカイブの構築への支援となる「被災地域記録デジタル化推進事業」[9]が開始され、複数の自治体が当該事業によって震災アーカイブを構築し、ひなぎくとの連携を実現させた。

2015年6月24日、復興推進会議において、復興期間の後期5年である平成28年度から平成32年度は「復興・創生期間」と位置付けられた。2016年3月11日には、「「復興・創生期間」における東日本大震災からの復興の基本方針」[10]が閣議決定され、「3. 復興の姿と震災の記憶・教訓 (2)震災の記憶と教訓の後世への継承」で、「震災の被害や「減災」の考え方等を含めた多様な教訓を次の世代に伝えるとともに、今後の防災・減災対策に活用するため、ひなぎくとの連携、…等を通じて、…復興全般にわたる取組の集約・総括を進めること」が記され、ひなぎくの役割が示された。

2-2 NDLの方針とひなぎく

(1) ひなぎくの公開

2012年2月23日、NDLは「東日本大震災のアーカイブ構築の取組について」[11]を公表し、5月1日、「国立国会図書館東日本大震災アーカイブ構築プロジェクトの基本的な方針」[12]を策定した。「震災に関するあらゆる記録・教訓を、次の世代へ」をコンセプトに、他機関と分担し、国全体として震災の記録等を網羅的に収集し、永続的に保存するとともに、国内外の関係機関が保有する震災の記録等についても所在を把握し、一元的に検索できる仕組みの構築を行うことを目的とした。同年7月26日、「東日本大震災アーカイブ収集等実施計画」[13]を策定し、各府省、各種関係機関、団体等に対する国全体としての「東日本大震災アーカイブ」の実現に向けたNDLによる働き掛

けと、「国立国会図書館東日本大震災アーカイブ構築プロジェクト」における収集の実施及び実施に当たって関連する組織化・保管・提供についての方針を定めた。

そして、2013年3月7日、震災の記録等を一元的に検索できるポータルサイトである「東日本大震災アーカイブ(愛称：ひなぎく)」を公開した。

(2) 基本理念

NDLは、次の基本理念に則り、ひなぎくを運営している。なお、図2は、ひなぎくの連携と利活用イメージを示したものである。

・国内外に分散する東日本大震災の記録等を、国全体として収集・保存・提供すること
・関係する官民の機関が、それぞれの強みを活かし分担・連携・協力し、全体として国の震災アーカイブとして機能すること
・東日本大震災の記録等を国内外に発信するとともに後世に永続的に伝え、被災地の復興事業、今後の防災・減災対策、学術研究、教育等への活用に資すること

図2　ひなぎく利活用イメージ

（3）ひなぎくの対象
①震災の記録等の収集範囲
　ひなぎくの震災の記録等の収集範囲は、上述の「国立国会図書館　東日本大震災アーカイブ構築プロジェクトの基本的な方針」で、次のとおり定められている。

・東日本大震災に関して、その事象及び被害の実態に関する記録、被災以前の地域の記録並びに被災後の復旧及び復興に関する記録
・東日本大震災に関して、国、地方自治体等の公的機関及びNPO、ボランティア団体等の民間機関が主体となった活動の記録
・東日本大震災発生前及び発生後の防災・減災対策、学術研究に関する記録並びに今後の震災を見据えた防災・減災につながる記録
・東日本大震災による原子力災害の記録並びに東日本大震災発生前及び発生後の原発に関する記録
・過去に発生した地震・津波災害等の記録
・東日本大震災以降の国内外の政治、経済、社会等の動向に関する記録

②形式
・図書、雑誌、新聞その他の刊行物及びそのデジタル化資料
・調査レポート、研究論文、報道記録等の文献・文書
・官民のウェブサイト
・写真・静止画像、映像・動画、音声(インタビュー記録等)ファクトデータ等

3　ひなぎくの機能

3-1　デジタルアーカイブの横断検索
　ひなぎくでは、NDL及び他機関のデジタルアーカイブのメタデータを収集することにより、各デジタルアーカイブの横断検索を可能にしている。

第3章　震災の記録を横断する｜伊東・前田 ──── 067

2019年3月末現在、検索対象メタデータ約419万件、連携機関数43、連携アーカイブ数49である。連携アーカイブ一覧(表1)に示すとおり、官民の特色ある機関と幅広く連携している。

3-2　電子書庫

　ひなぎくは、一次コンテンツを保管するための電子書庫機能を有している。これにより、許諾を得た他機関からコンテンツの提供を受けることができる。提供されたコンテンツは、ひなぎくに登録し、利用者に提供する。国土地理院や航空写真撮影各社から提供された空中写真や、NPO法人が活動を通じて作成したコンテンツ、企業による復興支援活動のコンテンツ等、2019年3月末までに53機関から提供を受けている。

3-3　APIの実装

　ひなぎくは、メタデータを活用する仕組みとして、検索用とハーベスト用の2種類のAPI(外部提供インターフェース)を提供している。検索用APIは、ひなぎくの検索ができるもので、SRU(Search/Retrieval via URL)及びOpenSearchに対応しており、APIを組み込むことで検索窓などの作成が可能である。ハーベスト用APIは、メタデータのダウンロードが可能なもので、メタデータを機械的に取り込み、活用することができる。メタデータは、連携先のメタデータも含めて国立国会図書館東日本大震災メタデータスキーマ(以下「NDL震災メタデータスキーマ」という)で提供するため、利用者は希望するアーカイブのメタデータを選択して活用することができる。

4　ポータルサイトとしての意義

　ひなぎくの運営にあたりNDLは、国の機関、公共図書館、大学図書館、大学・学会、放送・民間企業、NPO、ボランティア団体等、様々な機関と様々な方法で協力し、連携アーカイブの機関の拡充や、収録コンテンツの増

表1　連携アーカイブ一覧

	データベース・サービス名	機関名
地方公共団体	青森震災アーカイブ	青森県八戸市、三沢市、おいらせ町、階上町
	久慈・野田・普代震災アーカイブ	岩手県久慈市、野田村、普代村
	郡山震災アーカイブ	福島県郡山市、富岡町、双葉町、川内邑
	東日本大震災アーカイブ宮城	宮城県及び宮城県内市町村
	浦安震災アーカイブ	千葉県浦安市
	いわて震災津波アーカイブ〜希望〜	岩手県
	熊本地震デジタルアーカイブ	熊本県
図書館	震災文庫	神戸大学付属図書館
	3.11　震災文庫	仙台市民図書館
	東日本大震災福島県復興ライブラリー	福島県立図書館
	震災関連資料コーナー	岩手県立図書館
	市町村史に記された地震の記録	埼玉県立浦和図書館
	長岡市災害復興文庫	長岡市立中央図書館文書資料室
大学・研究機関	CiNii Articles	国立情報学研究所
	JAIRO	
	J-STAGE	科学技術振興機構
	日本原子力研究開発機構図書館蔵書	日本原子力研究開発機構
	福島原子力事故関連情報アーカイブ（FNAA）	
	立教大学共生社会研究センター	立教大学共生社会研究センター
	日本災害DIGITALアーカイブ	ハーバード大学エドウィン・O・ライシャワー日本研究所
	みちのく震録伝	東北大学災害科学国際研究所
	東日本大震災の記録Remembering 3.11	学校法人東北学院
	土木学会東日本大震災アーカイブサイト	土木学会
	農林漁業協同組合の復興への取組み記録東日本大震災アーカイブス	㈱農林中金総合研究所
	防災科学技術研究所自然災害情報室蔵書目録	防災科学技術研究所
	はまどおりのきおく	いわき明星大学
	みえ防災・減災アーカイブ	三重県・三重大学　みえ防災・減災センター
	放射線医学県民健康管理センターデジタルアーカイブ	福島県立医科大学放射線医学県民健康管理センター
	岩手県の自然災害と東日本大震災に関する資料リポジトリ	岩手大学
報道機関	NHK東日本大震災アーカイブス	日本放送協会
	3.11 忘れないFNN東日本大震災アーカイブ	㈱フジテレビジョン・FNN
	河北新報震災アーカイブ	㈱河北新報社
企業・各種団体等	東日本大震災写真保存プロジェクト	ヤフー株式会社
	未来へのキオク	グーグル株式会社
	東日本大震災アーカイブFukushima	東日本大震災アーカイブ福島協議会
	NWEC災害復興支援女性アーカイブ	国立女性教育会館
	赤十字原子力災害情報センターデジタルアーカイブ	日本赤十字社
	わかりやすいプロジェクト国会事故調編	わかりやすいプロジェクト
	3がつ11にちをわすれないためにセンター	せんだいメディアテーク
	防災専門図書館蔵書	全国市有物件災害共済会
	災害・文献データベース	中越防災安全推進機構
	niconico	株式会社ドワンゴ
	311ドキュメンタリーフィルム・アーカイブ	山形国際ドキュメンタリー映画祭
	3.11いわてNPOチラシアーカイブ	いわて連携復興センター

※上記表から国立国会図書館のデータベースは除いています。

加に努めてきた。特に、国の機関とは「東日本大震災アーカイブ各府省等連絡会議」[14]、県立図書館とは「国立国会図書館と県立図書館の震災記録に関する協力連絡会議」[15]、大学図書館とは「東日本大震災被災図書館記録ワーキング・グループ」[16]等により協力体制を構築した。学術機関との連携では、ハーバード大学エドウィン・O・ライシャワー日本研究所、東北大学災害科学国際研究所、防災科学技術研究所と協定を締結し、相互に協力している。また、各学協会に対して、東日本大震災関連研究成果の納本、学協会ウェブサイトの収集について働き掛けを行っている。

こうした取組の結果、ひなぎくは、様々な機関と連携し、多様なコンテンツを提供することができるポータルサイトとしての役割を担っている。ここからは、ポータルサイトとしての役割について紹介する。

4-1　特色あるアーカイブとの連携

ひなぎくの特色の1つは、検索できる情報量が豊富であり、情報の内容が網羅されていることにある。図2のとおり、ひなぎくでは、NDLのみならず地方自治体、研究機関、大学、報道機関、民間企業等によるアーカイブとも連携している。また、ひなぎくは、各図書館における震災の記録等の所蔵情報のデータベースとも連携し、デジタル化していない震災関連の図書や雑誌資料等の所在も一元的に検索することができる。各アーカイブの特色は以下のとおりである。

(1)　地方自治体のアーカイブの特色

ひなぎくは、県や市町村が運営する複数のアーカイブと連携している。宮城県や岩手県など県が運営するアーカイブは、県庁のコンテンツを収集するとともに、県内の各市町村との連携によるコンテンツの収集を実現しているという特色がある。県が運営することで県民の理解を得ることができ、県民の協力を得ながら震災の記録等の充実に結びついている。さらには、詳細な地名や地域の特色などを盛り込んだ地元ならではのメタデータが付与される

という特色がある。

(2) 大学・研究機関のアーカイブの特色

大学や研究機関のアーカイブは、専門性の高いコンテンツ群が構築されている。地震・津波に関する研究データだけでなく、放射線のモニタリング結果や健康被害の研究情報等、それぞれの専門性を活かした収集・提供がなされており、専門的で詳細なメタデータが付されていることが多い。

(3) 企業・団体等のアーカイブの特色

企業が運営するアーカイブには主題に特化したもの、ニュースや証言記録の映像など形態に特化したもの等、様々な特色がある。特に投稿型アーカイブは、散逸しやすい個人の持つ貴重な記録を収集し、保存している。個人が撮影・保存したデータは、その時に、その場所にいたものでなければ得られない貴重な記録となっており、大きな特色である。東日本大震災発災時は個人がモバイル端末等を用いて多くの記録を残した。これらを貴重な記録ととらえて、企業による投稿型アーカイブが発現したという背景がある。NDLが撮影者個人1人1人と許諾を結んで写真等を収集することは、事務手続き等の課題があり困難であるが、投稿型アーカイブと連携を行うことで、ひなぎくで個人の記録の閲覧を可能とした。投稿型アーカイブへの投稿は、利用者がパソコンにおかれたフォーマットから自由に行えるため、気軽に情報提供できるというメリットがある。

なお、ひなぎくでは、投稿を呼びかけるページを設け[17](図3)、企業と協力しながら個人の持つ記録の収集に努めている。

4-2 連携先のニーズに合わせた連携方法

ひなぎくでは、次の2つの連携方法を用いることで、連携先のニーズや予算状況に応じた連携が可能となっている。これはひなぎくの強みであり、連携先を増やすことにつながっている。

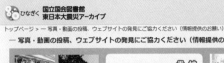

図3 「写真・動画の投稿、ウェブサイトの発見にご協力ください(情報提供のお願い)」のページ

(1) APIによる機械連携

　連携先アーカイブがAPIを実装している場合、そのAPIを利用してメタデータを自動的に収集することが可能である。そのため、APIを用いてコンテンツのメタデータの連携を行う場合には、連携にあたっての設定作業を行えば、連携先アーカイブのデータ更新を自動的にひなぎくに反映することができる。このことにより、ひなぎくの検索画面からは常に最新のコンテンツを検索することが可能となる。大量データの追加や、更新頻度が高いアーカイブとの連携では、API連携を用いることでデータのやりとりを簡便化することができる。

　一方で、API連携にあたっては構築や連携のための費用が発生し、その後の維持管理にもコストがかかることを忘れてはならない。なお、プロトコルとしてはOAI-PMHによるメタデータ収集を基本としているが、SRUによる連携も行っている。

(2) ファイル送付による連携

　連携先アーカイブがAPIを実装していない場合や更新頻度・更新データが

少ない等でAPIによる連携が適さない場合には、コンテンツメタデータをひなぎくに対応したCSV、TSV、XML形式のファイルで関連機関から送付してもらい、送付されたメタデータを当館職員がひなぎくに登録することにより連携を実現している。

4-3 活用に適したメタデータ

ひなぎくの3点目の特色は、メタデータ形式としてNDL震災メタデータスキーマを用いることにより、検索時の利便性が高めていることにある。

ひなぎくのトップページには、キーワードからの簡単な絞り込みを行う簡易検索のほか、コンテンツの作成日時や提供元等、多様な項目から絞り込みを行う詳細検索、資料種別や年代等を分けて表示するカテゴリ検索がある。カテゴリ検索は、カテゴリの項目ごとのメタデータ件数が表示され、特定のアーカイブ(提供元)や年代に絞ってコンテンツ数を確認することができる等、コンテンツ全体を一覧できるという特色を持つ。

検索結果一覧画面(図4)では、中央に検索結果としてタイトル、作成者等を表示し、タイトルからコンテンツ閲覧画面に遷移することに加え、「詳細情報を見る」からNDL震災メタデータスキーマ形式で表現された、コンテンツそれぞれのメタデータを表示することができる。メタデータは他機関アーカイブから送信された情報を用いることを原則としているが、コンテンツに住所情報又は緯度経度情報しかない場合には、NDLで補完作業を行い、緯度経度と住所情報の両方を持たせるようにしている。これにより、ひなぎくのカテゴリ検索「場所」で使用できるメタデータが増える。

また、ひなぎくに実装されたAPIにより、利用者は希望するアーカイブのメタデータを選択して活用することができる。場所情報を補完することにより、利用者がひなぎくに実装されたAPIからメタデータを取得して地図に表示させる場合には、使用できるメタデータが増えることとなり、活用の可能性が広がる。

図4　検索結果一覧画像

4-4　NDLが収集する豊富な震災の記録等

　NDLは、国立国会図書館法や作成者等との許諾に基づき、様々な形式の記録を収集している。ひなぎくは、以下のすべての震災の記録等を検索可能であるという強みも持つ。

（1）　納本、寄贈等により収集したNDL所蔵資料

　NDL所蔵資料のメタデータはNDLオンライン[18)]に収録される。ひなぎくでは、NDLオンラインのうち、件名に震災関連のキーワードをもつもののみを検索可能としている。また、ひなぎくは、デジタル化資料を収録する国立国会図書館デジタルコレクションとも連携していることにより、例えばひなぎくの検索結果から古典籍資料の閲覧画面に遷移して本文を閲覧することができる。

(2) 「国立国会図書館インターネット資料収集保存事業(WARP)」[19]に
よって収集したウェブサイト

NDLは、国立国会図書館法に基づき、公的機関(国の機関、地方自治体、独立
行政法人、国公立大学等)のウェブサイトを収集しているが、東日本大震災発災
直後から1年間、被災自治体や関係する機関について頻度を上げて収集した。
これにより、関係機関のウェブサイトが目まぐるしく変化した状況が記録と
して残され、災害時における情報発信等の推移を把握する記録となった。ま
た、民間企業や私立大学、学協会、ボランティア団体等のウェブサイトは、
許諾を得て収集しているが、東日本大震災に関連するウェブサイトの収集に
は力を入れており、大きなコレクションの1つとなっている。

さらに、一部のウェブサイトについては、特定のページに対してメタデー
タを付与することで、ひなぎくでの細かな粒度での検索を実現している。内
閣府(防災)のウェブサイトにある「一日前プロジェクト」の「地震・津波に関
する各エピソード」に対して、タイトル(見出し)や災害名等のメタデータを付
与し、ひなぎくから検索できるようにした事例がある。

(3) オンライン資料収集制度[20]によって収集した電子書籍・電子雑誌

NDLでは、インターネット等で出版(公開)される電子情報で、図書また
は逐次刊行物に相当するもの(電子書籍、電子雑誌等)を「オンライン資料」とし、
2013年7月1日から、改正国立国会図書館法に基づき、私人が出版したオン
ライン資料を収集・保存している。

ひなぎくでも、対象のウェブサイトに震災関連の報告書類等が存在した場
合、国立国会図書館デジタルコレクションに収録してひなぎくから検索可能
となるよう、取り組んでいる。

(4) 許諾を受けて収集するコンテンツ

ひなぎくの電子書庫に格納しているコンテンツにも特色ある記録がある。
例えば、国土地理院や各企業から提供を受けた空中写真は、震災前、震災直

後、復興後の様子を比較できる記録となっている。また、WARPでは収集できない国等の記録も収集していることは特筆すべきことである。

作成者等の許諾を受けて収集したコンテンツの例として、NPO法人が活動を通じて作成した記録や企業による復興支援活動の記録等がある。WARPの収集対象であるウェブサイト上の写真・音声動画の例として、原子力規制委員会の動画がある。

以上のように、様々な記録を収集しているNDLがひなぎくの運営を担うことにより、収集したオリジナルの記録そのものに付加価値を与え、利用者に提供することができる。実際の例として、NDLの蔵書を用いることで、近年発生した地震と過去の地震データとの照らし合わせや、過去の地震を時系列順にまとめた年表のような新たなコンテンツの作成が可能となっている。

4-5 ひなぎくの役割と活用性

震災時の証言の中には、過去の経験が語り継がれていたからこそ、遭遇した震災に対応することができた、という意見が少なからず存在する。震災の記録等を残して後世につなぐことは、次に来るかもしれない災害から身を守るための防災活動につながると同時に、被災時の対応力強化にもつながる。

以上のようにひなぎくでは、災害が起きる前の被災地の状況から、災害時に撮影された現場写真、その災害にまつわる証言を集めた音声データや体験談、報告をまとめた紙媒体の資料、その後の復旧活動の様子を記録した写真や動画に至るまで、大量の震災の記録等を一度に検索できる。それゆえ、過去の事象と現在の事象との結びつきや、同一時間内での様々な活動の結びつきを一覧することができ、利用者に対し今まで気づくことのなかったコンテンツ間の関係やアーカイブの活動といった新たな情報を提供することを可能にしている。

5 課題

　ひなぎくの公開から6年が経過し、いくつかの課題が明らかになってきた。本章では、コンテンツの充実に伴うメタデータの増加と検索上の課題、利活用に関する課題、アーカイブの維持・管理に関する課題、閉鎖されるアーカイブに関する課題を取り上げる。

5-1　メタデータの増加と検索上の課題

（1）　メタデータの実情

　コンテンツの増加や連携の拡張が進むにつれ、必要な記録等にたどり着くのが難しいという意見が聞かれるようになった。今後、震災アーカイブを防災学習等に活用し、震災の教訓を伝承することが期待されるが、そのためには、震災の記録は、いつ、どこで、誰が作成した記録なのかを明確に記載して残しておくことが重要である。

　ひなぎくを使って求める記録等にたどり着くためには、検索語を入力して検索しなければならない。利用者が入力する検索語は、震災の記録等の内容に関するものである場合が多いため、検索するキーワードとなるメタデータは非常に重要である。しかし、全ての利用者の要望を満たす個別詳細なキーワードとなるメタデータを付与することは困難である。現在、NDLでは、震災アーカイブを構築する際のメタデータは、NDL震災メタデータスキーマでの作成を推奨している。ただし、NDL震災メタデータスキーマでは、震災の記録等の形態情報の標準化を図ることはできるが、内容に関する記述は、メタデータの作成者に委ねている。また、簡易な情報が付与されているのみで、十分な記述となっていないメタデータもある。さらには、NDL震災メタデータスキーマで作成されていないアーカイブと連携する際には、連携先のメタデータの項目をNDL震災メタデータスキーマとマッピングしメタデータの変換を行うことで対応する。このため、ポータルサイトであるひなぎくのメタデータは、付与の粒度等にばらつきがあるのが実情である。

（2） メタデータ付与の留意点

　震災の記録等にアクセスするためには、検索語の文字列がメタデータに含まれている必要がある。そのため、少なくとも最低限記述すべき項目を決めておく必要があるだろう。検索により求める結果が得られない要因として、コンテンツのメタデータが具体的な固有名詞ではないことや、メタデータの情報が不足していること等が挙げられる。また、類似の写真や類似のメタデータが増加したこと、同一のコンテンツが異なるアーカイブから提供されるようになったこと等も要因と考えられる。

　ポータルサイトで必要な情報にたどり着くためには、適切なメタデータを付与することが必須である。このため、近年、データアーキビストの育成が喫緊の課題となっている。ただし、メタデータのさらなる充実は、作成するための高いスキル、膨大な作業時間、アーカイブ構築の経費の増加につながる。このため、簡易なメタデータ付与に留め、公開を優先させる機関もあると思われる。

　ここでは、メタデータ付与に関する主な留意点を4つ挙げる。

①内容・主題を明確に記すための工夫

　復興の報告書類では、例えば「絆」というタイトルが多くある。このようなタイトルだけでは、内容も、主題も不明である。副題等で内容等が明らかになっていない場合には、備考に震災の記録等の態様を説明する文言を記述するなどのルールが必要であると思われる。

　また、写真等のメタデータでは異なる場所の同一の固有名や地名があることで混乱が生じることがある。例えば、震災遺構となっている「荒浜小学校」を検索すると、仙台市立荒浜小学校と亘理町立荒浜小学校の2つの「荒浜小学校」が見つかる。震災の際、石巻の多くの人が避難した「日和山公園」という名前の公園は白石市にもある。このため、写真や動画等のメタデータには、場所等を特定するために、デジタルカメラやスマートフォン等の撮影機器に備えられているGPS機能等を活用し、撮影場所の緯度経度や撮影時間など

を記述することが望ましい。後日、第三者がメタデータと震災の記録等を見て何の震災の記録等かが分かるようにキーワード等を入れる、地名等を補記することも必要である。

②詳細なメタデータを付与する場合に配慮するべきこと

メタデータには、緯度経度なども付与して、被災場所が特定できるとよいが、場所が特定されることによってもたらす課題も知っておく必要がある。東日本大震災の被災の1つに原子力災害がある。放射線の線量や、原子力災害に関するコンテンツにメタデータを付与する際には、場所が特定されることにより、風評被害等につながらないように注意する必要がある。

③異なるアーカイブから提供される類似又は同一のコンテンツと取組事例

大きく被災した地域や場所の写真等は、多くの人が記録を残しているため、複数のアーカイブで重複して登録されていることが多い。各アーカイブでは、それぞれの基準に則ってメタデータを付与しているため当該アーカイブで利用する時には問題とならないが、ひなぎくで一元的に検索すると、似たようなタイトルの検索結果や、場合によっては同一コンテンツが列挙される事態が生じており、タイトルだけでは、目的のコンテンツなのかを識別することが困難となっている。カテゴリ検索等の検索語以外の検索方法が連携先アーカイブにあった場合でも、ひなぎく側に対応する機能がなければ、当該方法をひなぎくで活用することはできない。なお、2017年に公開した岩手県の「いわて震災津波アーカイブ〜希望〜」[21]は、上記のような課題を解決するために、カテゴリ分けをして活用しやすいよう工夫がなされている。

④データの重複とその解決を目指して

数は少ないが、同一の記録が異なるコンテンツとして表示される事態も生じている。これは、情報提供者が複数のアーカイブに写真等を寄贈し、各アーカイブがそれぞれの基準に則ってメタデータを付与することに起因する。

この課題は、ポータルサイトで一元的に検索することができることにより、明確になったものである。今後、アーカイブ利用者による利活用も視野に入れて、震災の記録等を教訓として伝承していくためには、震災の記録には、いつ、どこで、誰が作成した記録なのかを明確に記載して残すことや、デジタルデータに対するURLが変更されても、アクセスが永続的に保証される仕組みを構築することが重要である。このため、震災記録には、可能な限り識別できる番号を付与し、同一の写真であれば同一の識別番号を付与し管理することが必要ではないかと考える。このような課題に対応する試みとして、デジタルオブジェクト識別子（Digital Object Identifier：DOI）の付与が適しているのではないだろうか。DOIは国際的な規格で、学術論文や研究データ、映像データ等、様々なデジタルデータに付与されている識別子である。

5-2　利活用に関する課題
　震災の記録等は、収集するだけではなく、利用されることも重要である。ひなぎくの基本理念では、今後の防災や減災に役立てるということも掲げている。そこで、利用に係る課題とその取組例等を紹介する。

（1）　メタデータの流通
　コンテンツを利用する際には、コンテンツのみならず、コンテンツの情報を記したメタデータも容易に入手・利用できることが重要である。このことからひなぎくでは、メタデータの再配布の許諾を得た機関のメタデータをNDL震災メタデータスキーマの形式でAPIにより配布している。すべての連携機関からの許諾が得られ、形式を整えたうえで配布できるようになれば、さらに活用が進んでいくと思われる。

（2）　二次利用の条件
　ひなぎくで検索した写真を、防災学習のための小冊子に掲載したい、学会発表のパワーポイントに活用したいという相談を受けることがある。また、

NDLでも、収録コンテンツの情報をポスターやパンフレットに掲載することがある。これらコンテンツの利用条件はアーカイブごとに異なっているため、各アーカイブの条件に従って許諾を得る必要がある。このことから、手続きが煩雑である、気軽に使えない等の意見が寄せられる。

このような利用者の意見を踏まえ、近年は、二次利用を考慮してアーカイブを構築する機関がある。例えば、「東日本大震災アーカイブ宮城」[22]は、利用規約の範囲内であれば、コンテンツのダウンロードやパワーポイントを作成できる仕組みを、「熊本地震デジタルアーカイブ」[23]は、二次利用可能なものに絞り込んで検索できるような仕組みを設けている。

(3) アクセス数の伸び悩み

震災発生から8年が経過し、震災の記憶が風化したという意見がきかれるようになった。震災遺構や復興施設の構築が進む一方で、震災関連のイベント等は減少しており、東日本大震災に関連した出版物も減少しているように思われる。ひなぎくのコンテンツは増加したが、アクセスのページビュー数はコンテンツの増加に比例して増加しているわけではない。アクセス数が事業評価につながるアーカイブ機関もあると聞く。また、アクセス数の減少は、アーカイブの存続にかかわるとの声も聞かれる。

(4) 利活用の推進

アーカイブ構築機関では、コンテンツの利活用に向けた様々な取組を実施している。防災・減災に役立てるために防災学習や防災観光に結び付ける等がその一例である。ひなぎくでも、「防災推進国民大会」や「ぎゅっとぼうさい博！」をはじめとする国の防災関係のイベントへの出展等により、広く国民一般への広報に努めている。また、東日本大震災からの年表を作成することで国の主なできごとをまとめて発信する、収集したウェブサイトのコンテンツにメタデータを付与して検索できるようにする、過去の地震・津波に関する年表と関連震災の記録等を紹介するページを設ける等、利用を促進する

ために取り組んでいる。

(5) 防災学習等への取組

ひなぎくの目的の1つに、減災・防災に役立てることがある。震災アーカイブを運営する機関では、防災学習に力を入れている機関が多くある。近年、自然災害が多く発生していることから、安全教育の一環としての防災学習は学校現場の喫緊の課題となっている。ひなぎくでは、これまで「みちのく震録伝」[24]や、「東日本大震災アーカイブ宮城」の担当者と共に、防災学習に関する活動を行っている。また、防災学習のためのマニュアルを作成し、ひなぎくのページで公開する等、防災学習に活用してもらえるような取組を実施しているが、今後、教育の現場でより一層ひなぎくを活用してもらう取組が必要である。

5-3 アーカイブの維持・管理に関する課題

震災アーカイブは構築したら終わりではない。システムを維持し、コンテンツを継続して提供することが重要である。

(1) システム維持

システムを維持するためには、システム保守、サーバ管理等が必要である。通常、サーバは概ね5年で機器の入れ替えが必要となる。ひなぎく公開から5年が経過した頃から、システムの維持を含めたアーカイブの維持が難しいという話を聞くようになった。復興予算の縮小などもアーカイブの予算削減につながっていると思われる。

(2) システム改修

昨今、ひなぎくと連携するアーカイブにおけるシステム更新、セキュリティ強化、メタデータ項目の見直し等によるシステム改修が発生している。システム改修は、どちらか一方のシステムのみで終わることは少なく、例え

ば、URLの体系の変更や、データベースの変更をした場合、双方に費用負担が発生することが多い。このため、作業や予算確保が追い付かず、すぐに対応ができないことがある。迅速な対応をするためには改修の予定をお互いに事前連絡し合うことが必須である。

5-4 閉鎖されるアーカイブに関する課題

震災から8年が経過し、ひなぎくが運用開始してから6年が経過した。システムの維持や運営が困難になったことから、これまでにもひなぎくと連携するアーカイブの統合や閉鎖があった。NDLは、アーカイブ活動が維持困難となり、かつ後継となる機関等が存在しない場合には、当該アーカイブ機関が収集した震災の記録等を受け入れることとしているが、受け入れるための課題も明らかになってきた。

(1) 閉鎖されるアーカイブの取扱い

アーカイブが閉鎖される場合には、その情報を速やかに把握し、閉鎖予定機関と連絡をしながらコンテンツの散逸を防ぐ必要がある。まずは、閉鎖されるアーカイブのコンテンツをNDLが受け入れるか、他に受け入れる機関があるかを確認し調整を行う。これまで、連携先のアーカイブが統合された事例としては、青森県八戸市等が運営する「青森震災アーカイブ」[25]に、あおもりデジタルアーカイブ・コンソーシアムが運営していた「あおもりデジタルアーカイブシステム」が統合された事例等がある。

(2) NDLが承継する場合

NDLが承継することとなった場合には、著作権をはじめとするコンテンツの権利処理の状況を確認し、必要に応じて追加の権利処理を行う。これまでに、閉鎖されたアーカイブをNDLが承継した例としては、岩手県震災関連アーカイブ実証実験協議会が運営していた「陸前高田震災アーカイブNAVI」の一部のコンテンツがある。承継した際には、コンテンツ毎に著作権

等を確認したうえで、改めて許諾を得るという手順を踏んだ。

（3） 権利処理に向けた仕組みの構築

　閉鎖されるアーカイブのコンテンツの承継には、改めて権利処理等が必要な場合がある。震災から年月が経つにつれて、権利者が不明又は連絡が取れない等の理由で許諾が得られないことが増えることが予測される。このため、NDLでは、閉鎖されるアーカイブを承継するための権利処理、プライバシー対応の指針を定めておくことが必須であると考え、2017年3月に「東日本大震災関係電子情報提供等契約に基づく電子情報の利用制限措置に関する事務取扱要領」[26]を策定した。これは、被記録者の肖像その他利用に配慮を要すると認められる内容について、明示的な許諾の有無を確認していない震災の記録等がひなぎくに提供された場合を想定している。具体的には、被記録者の権利を保護するために、ひなぎくでの公開前に肖像の遮蔽等の措置を講じ、さらに申出に基づいた利用制限措置を実施する仕組みである。策定後該当する事例は未だ発生していないが、この手続きを経てひなぎくでコンテンツを公開するためには、大きな時間と労力を要することが判明しており、さらなる課題となると予測される。

6　おわりに

　2018年は、6月に大阪北部を震源とする地震、9月に北海道で北海道胆振東部地震が発災した。北海道胆振東部地震では、過去の北海道での液状化の記録等に注目が集まった。同時に、過去の震災ごとに関連資料を簡易に検索したいというニーズがあったことから、ひなぎくでは、地震ごとにひなぎくのコンテンツを検索できるしくみとして「地震年表」を作成し、2018年10月にひなぎくのページで提供を開始した。

　また、2019年3月には、協定を締結する防災科学技術研究所において、ひなぎくの外部提供インタフェース（API）を活用して、防災科学技術研究所が

運営する「地域防災Web」からひなぎくの情報を提供するサービスを開始した[27]。このようにひなぎくの活用が進むことは大変うれしいことである。

　ひなぎくは、各アーカイブをつなぎ、より多くの震災の記録を利用者へ伝え、防災・減災に役立てる取組を行ってきた。課題も多いが、今後も引き続き、各機関と連携を深めながら、震災の記録を後世に伝えるための役割を担っていきたい。

注

1）　http://kn.ndl.go.jp/static/2013/03/1?language=ja　最終アクセス：2018/10/17

2）　http://warp.da.ndl.go.jp/info:ndljp/pid/11129429/www.jma.go.jp/jma/menu/jishin-portal.html　最終アクセス：2018/10/17

3）　http://warp.da.ndl.go.jp/info:ndljp/pid/11133232/www.kantei.go.jp/jp/kan/statement/201104/01kaiken.html　最終アクセス：2018/10/17

4）　http://warp.da.ndl.go.jp/info:ndljp/pid/2904825/www.cas.go.jp/jp/fukkou　最終アクセス：2018/10/17

5）　平成23年5月10日　東日本大震災復興構想会議決定

6）　平成23年7月29日決定、8月11日改訂 東日本大震災復興対策本部

7）　http://warp.da.ndl.go.jp/info:ndljp/pid/10316021/www.soumu.go.jp/menu_seisaku/ictseisaku/ictriyou/02ryutsu02_03000092.html　最終アクセス：2018/10/17

8）　http://warp.da.ndl.go.jp/info:ndljp/pid/10316021/www.soumu.go.jp/menu_seisaku/ictseisaku/ictriyou/02ryutsu02_03000114.html　最終アクセス：2018/10/17

9）　http://warp.da.ndl.go.jp/info:ndljp/pid/8752095/www.soumu.go.jp/shinsai/ict_fukkou_shien.html　最終アクセス：2018/10/17

10）　http://warp.da.ndl.go.jp/info:ndljp/pid/11122438/www.reconstruction.go.jp/topics/main-cat12/sub-cat12-1/20160311101245.html　最終アクセス：2018/10/17

11）　http://warp.da.ndl.go.jp/collections/NDL_WA_po_print/info:ndljp/pid/3486608/www.ndl.go.jp/jp/news/fy2011/__icsFiles/afieldfile/2012/02/24/NDL_WA_po_pr201200223.pdf　最終アクセス：2018/10/17

12）　http://kn2.ndl.go.jp/view/download/digidepo_8556385_po_NDL%28DI%291204273.pdf?contentNo=1&alternativeNo　最終アクセス：2018/10/17

13）　http://kn2.ndl.go.jp/view/download/digidepo_8556386_po_NDL%28DI%291206261.

pdf?contentNo=1&alternativeNo=　最終アクセス：2018/10/17

14）　2014年1月10日「第1回東日本大震災アーカイブ各府省等連絡会議」開催（幹事：
国立国会図書館、内閣府、復興庁）

15）　http://kn.ndl.go.jp/static/kyoryoku　最終アクセス：2018/10/17

16）　http://kn.ndl.go.jp/static/libkiroku　最終アクセス：2018/10/17

17）　http://kn.ndl.go.jp/static/collection/cooperation?language=ja　最終アクセス：2018/10/17

18）　https://ndlonline.ndl.go.jp/#!/　最終アクセス：2018/10/30

19）　http://warp.da.ndl.go.jp/　最終アクセス：2018/10/17

20）　http://www.ndl.go.jp/jp/collect/online/index.html　最終アクセス：2018/10/29

21）　http://iwate-archive.pref.iwate.jp/　最終アクセス：2018/10/17

22）　https://kioku.library.pref.miyagi.jp/　最終アクセス：2018/10/17

23）　https://www.kumamoto-archive.jp/　最終アクセス：2018/10/17

24）　http://shinrokuden.irides.tohoku.ac.jp/　最終アクセス：2018/10/17

25）　http://archive.city.hachinohe.aomori.jp/　最終アクセス：2018/10/17

26）　http://kn2.ndl.go.jp/view/download/digidepo_11052066_po_NDL%28DI%291703021.
pdf?contentNo=1&alternativeNo=　最終アクセス：2018/10/17

第 **2** 部

復興に向けて人々の声、
地域の歴史を残す

第4章

Voices from Tohoku (東北からの声)

from a digital archive of oral narratives to scientific application in disaster risk reduction
(口承記録デジタルアーカイブから防災・減災のためのアプリケーションへ)

Flavia Fulco, Robin O'Day, David H. Slater
(フラヴィア・フルコ)　　　(ロビン・オデイ)　　　(デビッド・スレイター)

【概要】

　「Voices from Tohoku (東北からの声)」は上智大学の共同研究プロジェクトによって集められたデータに基づいて2014年に作られた学術データベースであり、その成果の一部はウェブサイト上(https://tohokukaranokoe.org/)で公開されている。プロジェクトは文化人類学的な記録と、デジタルカメラによって撮影された被災者への半構造化インタビューを含んでいる。東日本大震災で直接的な被害を被った人々の「生の声」をアーカイブすることが、このプロジェクトの目指す成果である。「3.11」としても知られる東日本大震災は、地震と津波、そして2011年3月11日に始まる原子力災害を引き起こした。このアーカイブが目指したのは、このように重大な経験を生き延びた語り手達に、自分自身の言葉で自分自身の物語を語ってもらうことにあった。

　本論考の導入として、まず第1部では、アーカイブを構築するための研究サイクルについて議論を行う。我々は当初、ボランティア活動を行う大学生と協同したサービス・ラーニング・プロジェクトとしてのアーカイブについて考えていた。協力したのは、震災後に被災地の人々が自身の言葉で語った自身の物語を保存するボランティア活動を行ってきた学生たちである。

　第2部として、「東北からの声」デジタルアーカイブが、公開Webサイトを作ることで、「公共人類学」プロジェクトへと成長したことを議論する。さらに、この種類の研究が提供する教育的・研究的な挑戦についても議論を行う。同時に、我々のプロジェクトの特徴について分析を行う。研究者と人々が協力することによって地域の中で地域のために作られた道具であるというローカル・コミュニティの大きな意義や、学生が研究プロジェクトで果たす役割、技術や新しいメディアの活用などについての分析である。

　第3部では、このようなアーカイブが文化人類学研究と防災・減災のための科学的アプリケーションをつなぐ可能性について探求する。この発展の過程でアーカイブは、当初の地域コミュニティにとっての意義を超え、より広い科学の発展に寄与するツールとして拡張した。口承記録はしばしばデータソースとして見落とされがちだが、知識の宝庫であり、分野を超えた研究に対して非常に貴重な見識を与えてくれるものである。

（日本語訳：鈴木親彦）

Introduction

On March 11th, 2011, the strongest earthquake ever registered in Japan hit the northeastern part of the country, which was then devastated by a tsunami triggered from the quake, leaving more than 20,000 victims (this number includes those who were never found). The 3.11 disaster, as it came to be known in Japan, had severe consequences for many communities and individuals. Seven years later, the reconstruction has not yet been completed.

In Japan, ever since the Kobe earthquake in 1995, the activity of volunteer groups in disaster relief has increased (Hasegawa 2007; Sakamoto 2012). In 2011, the three most devastated prefectures (Fukushima, Miyagi, and Iwate) received support from many volunteers, Japanese and foreign. Among them, there was a group of students and researchers from Sophia University. The archive of oral narratives "Voices from Tohoku" was created by this group from the Faculty of Liberal Arts who volunteered in the areas affected by 3.11 disaster.

In the beginning, the purpose of going to Tohoku was, in fact, to help the survivors in trying to put their worlds back together. The students were digging mud, moving rubble and doing other manual labor around the coastal areas in Tohoku, visiting many communities in the process. Volunteering in Tohoku after the tsunami was particularly difficult. The dynamics of volunteering that constituted the base of "Voices from Tohoku" have been explained elsewhere (Slater, Veselič: 2014a). What is most important here is that our oral narrative archive was born out of volunteer activities aimed at supporting the needs of the communities in Tohoku.

"Voices from Tohoku" grew from a need, a necessity for scholars to think critically about their role in a time of crises, and to act in a way that can bring benefit to society, especially to those communities impacted by the disaster. Do we, as scholars, have anything to contribute to a society that is clearly in need, in a time of crisis? Can our research methods serve this purpose? How relevant is our scholarship to the world today?

The project that led to the creation of the oral narrative archive "Voices from Tohoku" began as an advanced undergraduate methodology seminar on oral narrative methods soon after the 3.11 disaster struck in 2011. Building on our volunteer relief efforts, we began holding informal talk sessions for residents in the affected areas. This turned into more formal interviews during the semester, as we developed student knowledge of the ethnographic context, interview technique, and technological skills. Unlike so many of the aid projects in Tohoku that were only in the area for the short-term, we repeatedly revisited the same regions for several years to understand the change in the social dynamics and establish deeper relationships with people that became our key informants. As the project developed, we created thematic tags through "coding" using "grounded theory" techniques to organize existing interviews and guide new ones. As data accumulated over the years, we began using digital archiving platforms and retrieval methods that insured compatibility across sub-collections in different areas. The website that we created in this process, "tohokukaranokoe.org," features interviews with narrators from eight communities (Ogatsu, Yuriage, Otsuchi, Minamisanriku, Ishinomaki, and two sites in Fukushima). The result is both a closed scholarly archive of more than 500 hours of data, and as well as a completely open website 東北からの声 (https://tohokukaranokoe. org/) with more than 80,000 hits (see figure 1).

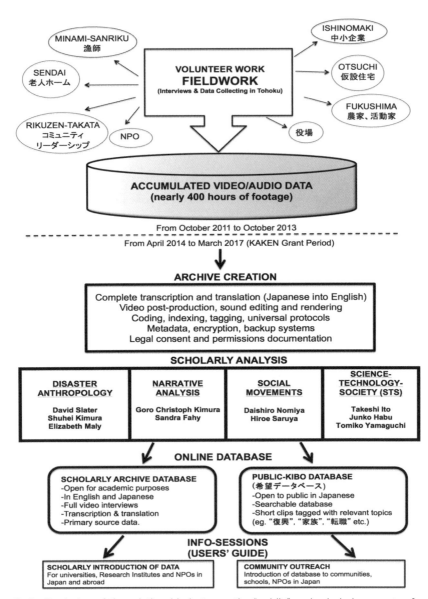

fig.1 Depiction of the relationship between the "public" and scholarly aspects of "Voices from Tohoku."

"Voices from Tohoku" as a form of "Public Anthropology"

With so much work to be done - volunteer and relief work, but also for the scholarly requirement of understanding and representing the disaster - a new set of opportunities to contribute has opened up for everyone. When so much information is needed and misinformation to be sorted out in order to move forward with the relief effort, academics have a distinctive if not unique opportunity. Of course, the relevance of such reflection is not something limited to a disaster response, yet, a disaster draws many social values and practices into the forefront in ways that make these concerns all the more urgent, and it puts our often feeble attempts to provide answers to broader social questions all the more under scrutiny.

As previously explained, our project grew out of our volunteering experiences that began immediately after the disaster. As we began to better understand the experiences, sorrows, and practical needs of our narrators, it compelled us to find a way in which we could be of help beyond just volunteering our labor. Could our students, having received training in the theories and the primary methods of social scientific research, use their skills in a meaningful way? Was asking them to apply their training to the immediate crisis too much to expect from undergraduate students? We honestly did not know the answers to these questions when the project began. Yet, we pushed ahead anyway.

When we were volunteering in Tohoku and beginning the process of recording oral narratives of the disaster, residents seeing us with the camera, started to ask to be filmed since they too felt they had a story to tell. There were several reasons why they decided to do it, but one of the most common sentiments was that they wanted to send a message. Many people were feeling that their town was not receiving all the help they needed. This need was also related to the fact that other journalists and researchers were conducting interviews, but in so doing were leaving many people unhappy or unsatisfied with the outcome. Many local residents complained about the practice of some journalists going there to grasp a small sliver of their reality that could fit into their pre-planned media narrative. Locals were calling the journalists *karasu*/crows (Slater, Veselič: 2014b), because they felt that the reporters would swoop in to feast on the juicy bits of their stories, and then fly away, never to be heard from again. They felt that those people asking them for an interview were just there to exploit them, rather than to do justice to their stories. This criticism extended to researchers too, whose survey research often seemed to miss much of the complexity of the situation. While surveys were essential to understanding the general picture of what was happening, locals grumbled that they seemed to be an oversimplification of what was happening. Many of our narrators lamented that survey research often asked them to assign numerical values on a scale to indicate their feelings. Rarely, if ever, were they asked to tell their whole story. When they saw that we were there to help before anything else, they trusted us enough to be interviewed since they felt the need to tell their experience in their words—the story that the others did not seem to want to hear.

The impulse to effectively apply anthropology to practical problems faced by communities is often articulated in the debates around "public anthropology" and "public ethnography." Robert Borofsky argues that public anthropology is necessary, important, and increasingly critical in a world with so much crisis (Borofsky: 2010). Public anthropology is also necessary, argues Borofsky, for the discipline of anthropology to extend its ethics beyond "doing no harm" to an orientation towards "doing good" to make anthropology more relevant to people's lives. All social sciences, anthropology included, are constrained by the institutions in which they operate and the need to produce research that is often far too narrowly targeted towards a small group of specialists. Recognizing this disciplinary shortcoming, anthropologists have long questioned what public role they should play. Many scholars have studied the connections between anthropology and society, analyzing the impact and the results that anthropologists have on the communities in which they are immersed.

Some anthropologists argue for a move towards public anthropology. For public anthropology to be useful, it must orient its research questions towards solving social problems. If the goal is to improve social conditions then the research needs to be more collaborative by involving community members in the process of research. The approach to identifying meaningful research questions must be made in close consultation with community members in a process that may seem counterintuitive to the training of some researchers. Instead of beginning with the theoretical concerns of the disciple or going into the community with a fixed set of pre-planned research questions, ethnographers instead search for the research questions through the concerns of the community, allowing the community members themselves to guide the research towards issues that are of direct benefit to the local circumstances. This approach requires patience, an ability to listen carefully, and the capacity to suspend the impulse to decide on a research trajectory prematurely. It requires trust in the method of deep immersion in the community, what anthropologists see as one of the benefits of participant observation, that will ultimately lead to more in-depth understanding of the local context and predictably lead to better research questions.

Our method of interviewing was different from what many community members had experienced before. By paying careful attention to the local context we soon understood that every community had overlapping concerns, but also quite specific issues that they wanted to address. The reality of the 3.11 disaster was complicated because of the chain of disastrous events that unfolded. The tsunami hit almost 400 kilometers of coastal areas that included many different communities. Moreover, the nuclear accident at the Fukushima Dai-ichi Nuclear Plant created a secondary disaster with many peculiarities that needed to be treated differently than the tsunami damage. One of the things we started asking the local people was "can you explain to us what you are experiencing here? Can we ask you about that?" Probably the most representative difference between "ethnographic interviewing" and what other people were doing before us was that we were not looking for answers as much as we were looking for questions that could help the local population in better understanding their situation. The interviews (usually around 60 minutes per person) were semi-structured with three open questions covering the past, the present and the future of the community starting from the personal experience of the survivors:

· Can you tell us about your community before 3.11?
· Can you tell us about your experience from 3.11 until today?
· Can you tell what you expect from the future?

This question format gave the narrators the opportunity to tell their story in their way, make sense of it, and feel heard. As interviewers, it required us to listen carefully to each story and ask clarifying questions as the stories unfolded. However, we always kept this basic question structure during each interview. Going into the field looking for questions allows ethnographers to seek and recognize areas that are important for the local population and allows the narrators to feel empowered by the fact that they are teaching us how to navigate their world. This methodology implies a long commitment with the communities involved in the data collection because before starting with the interviews some time is needed to create trust between the potential narrators and the interviewers/researchers.

This research process also disrupts notions of power and authority in the research context where "experts" presume to know what is best for a community before even stepping foot into the local context. To genuinely involve community members in the research process Holmes and Marcus (2011) proposes the method of "para-ethnography" that blurs the boundaries between researchers and informants. As the name suggests para-ethnography challenges researchers to approach research participants as collaborators. Treating research subjects as epistemic partners analytically aligns each group's interests and provides an opportunity for a mutually productive exchange.

As our involvement in the community deepened many of the narrators raised the critical question of "what are you going to do with all this material?" Our narrators were able to understand the value of the project, but they also wanted to know its long-term purpose and aim. They were asking us "How is collecting stories helping the situation?" We could not reply to these questions very convincingly in the beginning, and probably even today it is difficult to give a "right" answer to these kinds of questions. What we understood from the beginning was that there were many stories: so many people trying to cope with their tragedies. Many lost their homes and their jobs; the less lucky also lost parts of their families. We knew that if you do not collect these stories, they disappear. As researchers we understand the need to collect and preserve these experiences, at that time though, our focus was more on the emotional relief and practical help we could give to the local population.

Despite representing a timely response to a contemporary event and the product of a joint operation between scholars and local communities, the existence of the archive raised and still raises many questions about its aim and necessity. As many of our narrators pointed out when we were starting this project, documenting what happened to the communities involved in the 3.11 disaster was one of the primary motivations for the creation of the archive. Across the communities in which we conducted research there was a shared recognition that having some record to remember what happened was important and valuable.

As the editors of "Oral History and Digital Humanities" indicate "Stories, formed by memory and performed in narrative either resonate and engage, are possibly preserved and imprinted in memory, or they go unremembered and are lost to time. History is made up of the stories of humanity, based on fragments preserved in time. While material culture—architecture, art, broken clay pots—along with the written words—diaries, records, books—leave a tangible, touchable inheritance for those seeking to understand the past, the spoken word performed in the form of stories has traditionally proven more elusive to preserve. Yet it is the voice, the first- hand accounts, and the privilege and opportunity for scholars to ask direct questions and grapple with spoken answers of the past that the historian seeks" (Boyd and Larson: 2014). As we have pointed out we were not there to do research as our first aim, and while we understand the risk of rushing into fieldwork, we believed (and we still do) that *urgent ethnography* (Slater: 2015) became an essential contribution to the understanding of disasters like 3.11 and also the post-disaster process of reconstruction and community rebuilding as it unfolded over time.

But what would we do with these stories? Preserving and recording stories of the disaster is important, but is it enough? Could we do more with the information? One option was to find a way to make the stories public in a way that could be meaningful. Making ethnography public can engage the local community, and the broader society at large, through critical analysis of prominent social issues (Tedlock: 2005). Ethnography can, if communicated appropriately, engage, educate and provoke the wider public into action. Public ethnography is a form of public scholarship that invites non-academics into the conversation to participate, debate issues, and also influence the direction of the research. The assumption is that the sharing of knowledge has the potential to be a transformative influence on society. Robert Borofsky (2012) argues that a more publically oriented anthropology would not only make our discipline more relevant to the critical issues that we face today, but also allow anthropologists to better apply their knowledge, skills, and training towards solving real-world problems. Hans Baer (2011) suggests that there are already countless engaged anthropologists doing public anthropology in academia, working in NGOs, and by collaborating with social movements. Maximilian Forte (2011) also points to the engagement of many anthropologists in solidarity with communities in local struggles, by creating new forms of collaboration, and by challenging issues of power, violence, and inequality.

Even on a smaller scale than directly intervening in highly visible critical social debates, or collaborating in political struggles, there are many groups of people that can benefit from a public ethnographic project. Groups that could benefit include research participants, professional academics, university students, universities and colleges. According to Setha M. Low and Sally Eagle Merry, anthropology can engage in different ways through: 1) sharing and support, 2) teaching and public education, 3) social critique, 4) collaboration, 5) advocacy, and 6) activism (Low and Merry: 2010). Looking at how the project "Voices from Tohoku" developed, we understand that the project engaged in each of these categories in different ways at different times, even though we were not knowingly moving in this direction from the beginning.

How then do researchers interested in doing public anthropology make their ethnographic research engaged? Collaboration with non-academic audiences is at the center of this method. The pursuit of public anthropology can be done by way of mediation or by way of collaboration. The first approach is what can be called *mediated public ethnography* and the second approach is called *engaged public ethnography* (Public Ethnography 2013: 396). Mediated public ethnography is usually achieved by disseminating ethnographic research through non-academic media. Generally, this is achieved by taking an already developed form of scholarship and translating across mediums to communicate the information in a new form. For instance, it could be taking a published research article and transforming it into a newspaper article. Engaged public ethnography, on the other hand, involves community-based participatory research. This approach stresses collaboration in the production, dissemination, and use of the ethnographic text. Engaged public ethnography is similar to mediated public ethnography, but includes public participation in the production of the ethnographic project. Through our efforts to include the public in the production of our ethnographic project, and disseminating our research through a public archive, "Voices from Tohoku" grew into an example of engaged public ethnography.

The process of collaboration with the communities was not an easy achievement. We had to take into consideration local divisions and the different ways in which human beings react to painful memories. At first, for many of the people we interviewed it was challenging for them to re-watch the videos of their stories. As time went by, having an archive of the voices of the community members was helpful. It helped them remember and make sense, on different levels, of what had happened. As the project continued to develop, we realized that we wanted it to both reach the public and also engage it. "Public anthropology" does not necessarily mean "engaged anthropology." The need to ameliorate social conditions does not necessarily drive much public ethnography. Public ethnography may be driven simply by cultural curiosity and a passion for documentation (Public Ethnography: 2013). Many anthropologists who disseminate their research publically or work as applied anthropologists strive for creating engaged ethnography since their research is by design tackling crucial contemporary issues (Baer: 2012). Over time, the collaborative part of this project was also rewarding for us and also for the communities that felt empowered from their active role in the research. As we explained the collaboration with the local communities was essential for the creation of the public archive. We collected more than 500 hours of oral narrative interviews in the process. We gave each participant a transcript of his or her interview. Our narrators asked us to make something that each of them could consult to learn more about how the disaster impacted other communities too. It became increasingly clear to us that creating some form of public archive, accessible through a website, would help us meet the needs of our narrators.

Initially it was difficult to imagine how exactly we could create a website out of this material. We worked with our narrators to help identify short video clips from their interviews that became central to organizing the public archive of "Voices from

Tohoku."

We recognized that uploading the full 500 hours of oral narrative interviews to the public archive would be simply overwhelming and potentially counterproductive. Some of the material was simply too sensitive to share publicly. Moreover, the size of the archive required some organization to make it user-friendly. We decided to upload shorter video clips, 1-2 minutes in length, taken from the longer interviews in consultation with the narrators. Each video clip provided a clear message that the narrator wanted to communicate. We then "coded" or "tagged" each clip accordingly. For instance, the thematic tag might be "radiation", or "reconstruction," or "media", "information from the government", etc. Advocates for a public ethnography stress that anthropological research must be transformed to effectively communicate to different segments of the public in ways that can be easily understood. Effective communication is a critical component of public ethnography since most anthropological research is too technical, dense, or written in such impenetrable prose that makes public consumption of the material difficult and unproductive. Our training as professional academics orients us towards privileging the academy by presenting our ethnographic research through writing journal articles (like this one) and books in addition to giving university lectures and conference presentations. All of these efforts are important and necessary activities for career advancement and scholarly engagement, yet these activities alone fail to achieve a truly public ethnography. These traditional forms of research dissemination are the exclusive domains of a privileged few who study or work in universities or work as professional researchers. Calls for a public ethnography challenge us to overcome these barriers.

The editor of the special issue of "Public Ethnography" defines it as "research strategically intended for a public audience" and to become "public" it must "leave the confines of the academic world" seeking different channels of dissemination. "Essentially, if the outcomes of ethnographic research are brought to the attention of a non-academic audience, then that particular study can be said to be a public ethnography" (Public Ethnography: 2013). However, the degree of public impact matters. It is not that public anthropology is the first attempt towards reaching beyond the academy to engage the public. Many anthropologists experiment with alternative forms of communicating their research projects through performance, art-based inquiry, ethnodrama, video, and other creative activities. However, proponents of public ethnography caution that although these experiments are no doubt well intentioned, they do not necessarily rise to the level of public ethnography if they are primarily consumed by academics instead of the broader public(s). (Their website can be analyzed here: http://publicethnography.net).

The public portion of "Voices from Tohoku," has been viewed over 80,000 times. While we do not suggest that our project should act as a model for best practices in public anthropology or public ethnography, we can say with some confidence that it has transcended the narrow confines of the academy and achieved a form of public ethnography. Our digital archive project from the outset has been an experiment with making our research public and impactful. We are continually experimenting with different channels of communication and new technologies to better disseminate the material to the broader public.

In the delicate relationship that was established between the scholars, the students and the narrators, it is also essential to discuss the role of new media technology. Technology is part of the research process from the collection, to the analysis of the data, to its dissemination. Using technologies in the research process presents both challenges and opportunities. Firstly, video cameras change the relationships with the narrators. Not everybody is at ease speaking in front of cameras. Video recorded interviews have to be negotiated, mediated and explanations are needed to make the narrators feel comfortable. Secondly, when used in the classroom, media technologies have the advantage of engaging students in a more compelling way. Many young people are comfortable in approaching cameras and voice recorders and they feel more responsible using the equipment when they are in the field. Also the students that are less capable using technology can benefit from working in research teams with other students, creating a class environment that is more autonomous and independent. Lastly, new media brings new practices of analysis and management; in fact, media technologies do not include just video cameras and recorders, but all the processes of archiving and the choice of what kind of programs, platforms and techniques to adopt at different stages. The amount of technology needed for the project may seem daunting. There is a degree of training and knowledge that scholars must develop and teach the students during all the phases of the project. As the archive developed, the use of media was instrumental in transforming it into a project of public ethnography.

We also pushed the boundaries of what engaged public ethnography has the potential to become. "Voices from Tohoku" as a public digital archive is an available and open source of data that is unusual in academia. As scholars, we understand that funding for research has become increasingly difficult and it is not easy for researchers to "give away" their data, without maintaining control over it. We believe that "the voices" of our narrators can be used by a variety of scholars that might enrich the project and give back to the communities more than we can do only on our own. The collaborative aspect of this project is part of the essence of its character. Therefore we invite other scholars who want to collaborate with us in a somewhat unique way. Researchers who agree to contribute by adding research to the archive are then given full access to the entire archive. The idea behind this arrangement is that it will encourage the growth of the archive and also lead to an increased output of both scholarly and public engaged research. We would like to remind the readers here that when we talk about the "Voices from Tohoku" project we are referring to two separate archives. One is the open public website that everybody can access from his or her computers. The public archive was edited with the collaboration of the narrators and therefore something that anyone can access.

In addition to this public archive, we have also created an archive that includes the complete non-edited interviews. This much more massive archive is available for scholars that require access and see the merits of collaborative research.

We will explain in the following section how "Voices from Tohoku" could be helpful to a variety of scholars and specialists involved in disaster sciences, for now, we want to emphasize that the project has been shaped from its interdisciplinary approach from the beginning. At different stages humanities-based scholars, social scientists and natural scientists contributed to the project bringing with them the specificity of their disciplines and enriching the multidisciplinary dialogue that constitutes our research. While each researcher has contributed to the archive in their original way, working on it together forced us to become different kinds of scholars than we used to be. Working together to find new ways to frame the social issues about the disaster, thinking and generating questions that could help the locals to express their stories and problems, and then finding the best way of communicating the messages to broader audiences through the archive, has been a rewarding research activity that made us more complete scholars and more aware about the connection that the research world should have with each other, and the general public.

Socially responsible educational institutions that focus on improving social conditions in their communities often adopt "service learning" opportunities for their students to foster volunteerism, citizenship, and civic engagement (Beck 2006). Having students involved in the research process answered our initial doubts about whether the students could handle doing "real" research. We discovered that our students grew into genuine, and invaluable, collaborators in the project. The "Voices from Tohoku" archive would not have been possible without the work of many undergraduate students that were willing to volunteer in Tohoku. For three years, from 2011 to 2014, students involved in the project would leave Tokyo on Friday night on one of the overnight buses to reach one of the communities in Tohoku.

Their schedule included volunteering in the morning, interviewing in the afternoon and having dinner with the local community on Saturday night. On Sunday the schedule was the same, but they would then head back to Tokyo with the overnight bus only to attend their classes on Monday morning. The university covered their transportation and lodging expenses, but the amount of commitment that this project required of undergraduate students was something they chose to commit themselves to doing. Even under these demanding conditions the students were enthusiastic, and they contributed to creating a valuable project that remains relevant long after they have graduated. Their presence provided the communities with much good energy and fostered a relationship of trust that lies at the core of this project.

Future Applications of the Archive

In the previous sections of this article we explained how the "Voices from Tohoku" digital archive project was born and which were and still are some of the significant aspects of its existence, drawing from theory related to public and engaged anthropology. We also introduced the importance of preserving people' s memories through stories as a resource for the future, and the involvement of students in a service-learning research project that created a mutual benefit for different groups in the society, locally and nationwide. But ultimately, how can an archive of digital oral narratives be helpful a few years from now? Moreover can it be helpful in mitigating the negative impact of future disasters? Also, how can it be of use to those who survived the catastrophe?

What kind of data are oral narratives? In a society where archives of the so-called "Big Data" have become a source of keen interest, archives of oral narratives seem to navigate upstream. Unlike "big data" usually analyzed through behavioral analytics and algorithms, oral narratives resist homogenizing analysis. However, stories and narratives do feed into a community's collective memory and also run the risk of being homogenized in a "collective" story that often emphasizes braveness, unity, and redemption that reinforce the identity of the rebuilt community. Through this process individual experiences can be flattened or silenced, and ultimately forgotten. This is partly a natural process, and very difficult to control. Having the chance of going back to the original stories and listen to some of the issues that might be neglected over the time is of value. Paraphrasing Alessandro Portelli we can say that what makes oral narratives special is that they are *oral* (Portelli:1998:64). When Portelli first wrote about the peculiarity of oral history he was considering the specificity of recorded voices compared to transcriptions that are usually used as a way of summarizing and transmitting the result of oral data collection. The specificity of the "voices" is nowadays made so much more valuable when we include the video.

The pioneers of video oral history in the 1980s were concerned that the only problem with using the video technology was the costs (Wilson:1986:33), and the difficulties of keeping the videotapes from deteriorating (Gardener 1984:107). Today, with technological progress, we have overcome these issues and we can focus on the positive and meaningful aspects of the video interviews. In the moment of collecting the data, the video camera can make some of the interviewers "temporarily more self-confident" (Wilson:1986:33). Some narrators may feel empowered since they are speaking to a potentially wider audience, and thus feel that their story is important and worth telling. Video interviews allow us to consider not only the tone of the voice and the rhythm of the conversation, but also the facial expressions and the body language that otherwise would be forever lost. During the data collection phase of the project, many of the interviews were recorded in the houses of the narrators. At the time, we privileged the willingness of the narrators to talk with us, to tell us what they felt was vital for us to know. Because of this dynamic, many of the interviews are not one-to-one, but with multiple narrators at the same time, generally with some other members of the family. In this environment, the use of the video camera also helps capture the significance of the location in which the interview is taking place (Charlton:1984) by also catching elements that were important to the narrators in the moment. To give just one example, during one of the interviews with a couple in temporary housing there is a noticeable background noise that sounds like a crackling fire. The noise was coming from a kettle the couple kept on the gas stove. They explained that the water needed to stay hot in case someone visited so that he or she could offer their guest a hot drink to warm up. For this reason they did not want to turn it off, even if the sound ended up being a perceptible background noise in the video recording. For people forced to live in temporary housing, this kind of gesture is an indication of how much attention was being paid to managing social relations in the cramped confines of their temporary accommodations. Because of this video, we also have an insight into the conditions of the temporary housing situation at the time in addition to the content of their interview.

As much as the information provided by the video data enriches the research, it opens different ways in which we can analyze it, but it is still subject to interpretation (MacDonald and Stone: 2013). Since qualitative research is by nature interpretive, it runs the risk of being underestimated. One of the common oppositions that "hard" science makes to disciplines that use qualitative research is that the qualitative data is difficult to use for making generalizations, predictions, or to put into statistics. Qualitative data, therefore, is less effective when it comes to the realization of solid plans that need to be applied for many people at the same time. The role of oral narratives as data collected through qualitative research, however, is not intended to provide simple answers that can be easily quantified. Oral narratives can indicate *how many* people in a given community lost their houses, for example, but the research method is better suited to provide first-hand accounts on *how* those people that lost their homes are now coping, for example in their temporary housing. Oral narratives can provide insight into what aspects of the temporary housing program meets the needs of evacuees and which do not meet their needs.

This kind of information can be used to better plan and prepare temporary housing for future crises. For qualitative researchers, the narrative of one person can be deeply instructive if that person's experience is relatively common. What stories of personal experiences will tell us has more to do with how people make sense of their own world and how this can be rebuilt starting from the pieces each of them can mend together. Qualitative research goes deep into the context and brings to the surface complexities that cannot be easily quantified, such as personal relationships and social relationship between groups. When people manifest a concern for their lives in a evacuation shelter or in temporary housing the qualitative researcher does not ask her/himself how many people are suffering from the same issue, but is more determined to give voice to that concern. Oral narratives might be smaller data, compared to the "big data" archives so precious in the business world, but their value to contemporary interdisciplinary research is inestimable.

Disasters, either natural or human-made, bring to the surface many social dynamics that are not so visible in normal times. We consider "Voices from Tohoku" not only a window to look back at the post-disaster and reconstruction periods in Japan, but we argue that this data encapsulates, on a micro-level, many issues regarding Japanese society and, ultimately, contemporary societies worldwide. For all these reasons, we do believe that the specificity of our 3.11 disaster oral narrative archive could be of service to many researchers who study contemporary issues in Japanese society, such as the depopulation of rural areas, social policy, and post-disaster politics. Going more specifically into the social issues related to natural and human-made disasters, we want to explore the archive as a possible instrument for those scientists and professionals involved with the two significant issues of prevention and reconstruction.

In analyzing the contribution that oral narratives can bring to disaster sciences, we can consider the impact that disasters have on different populations. Nowadays it is widely acknowledged that natural disasters do not exist per se, but that meteorological and geological events disproportionately impact different segments of the world's population in relationship with pre-existing socio-economic divisions (Quarantelli: 1998; Ligi: 2007). While 3.11 in Japan showed how devastating a disaster of that proportion could be even in one of the most developed economies in the world, the impact on developing countries or countries where the socio-economic situation is unbalanced indicates that the results can be even worse. This was unfortunately proven many times in only the past twenty years: the tsunami that devastated Indonesia, Sri Lanka, India and Thailand in 2004; also in 2004 the consequences of Hurricane Katrina on the African-American population of New Orleans; and in 2010 with the Haitian earthquake. People react to disaster in different ways depending on their knowledge and traditions. An archive of disaster oral narratives could be useful before and after the occurrence of similar events to those working in Disaster Risk Reduction (DRR) and reconstruction planning.

The experts in DRR usually work on the experience of past disasters. Especially in Japan, this discipline has grown particularly effective after the Great Hanshin-Awaji Earthquake that, in 1995, destroyed the city of Kobe and left more than 6,000 victims. The magnitude-7 quake occurred at 5:46 A.M. when many people were still asleep. The characteristics of this event made it extremely violent. One of the tragedies of this earthquake was that many fires began soon after the quake, leaving the people trapped under the collapsed buildings, with no escape. In the years that followed, DRR regulations changed in Japan because of this experience. Nowadays in the case of an earthquake with a magnitude higher than 5, gas supply is suspended in order to prevent fires and other secondary disasters. This insight, and procedural change, has saved many lives since.

If lessons learned from past experiences are used to build more updated and secure systems, why are oral narratives not understood as a potential source for better understanding life experiences of individuals and communities? In the town of Minamisanriku for example, many elderly claimed to have sought refuge on higher ground because they recalled the experience of the Chilean tsunami in 1960 that claimed 41 lives. In 2011, some still remembered the 1960 tsunami, and acted accordingly. The existence of an oral narrative archive, together with other practices of transmitting cultural memory (such as storytelling) can improve the resilience of the local communities, preparing the local population for natural disasters, together with more physical practice (such as evacuation drills).

The other side of disaster science is reconstruction. The term commonly used in the recovery process in Tohoku is machi-zukuri (まちづくり); however, this term was introduced only in the late 1960s as a way to re-frame the discourse about reconstruction. Before that the commonly used term was toshikeikaku (都市計画) "city planning" which "connotes a highly centralized, top-down, civil engineering, and expert-driven activity limited to the provision of infrastructure such as roads, bridges, or waterways, or the application of land use zoning (Dimmer: 2014). Since in Tohoku the most commonly used term is the one of machi-zukuri (which is translated as 'community development'), the focus should be more "on (1) public participation, (2) decentralization of planning power and respect of local individuality, (3) "soft," welfare and identity-oriented aspects of planning, and 4) incremental advancement without disrupting communities" (Dimmer: 2014). However, too many examples in Tohoku tell us another story. Most of these stories, although familiar, remain undocumented unless we talk to the locals, listen carefully to what they have to say, and transmit their stories to a broader audience. One example of this type of reconstruction is the *shotengai*, the shopping district. Many new ones have been rebuilt in many communities along coastal Tohoku. Often, the projects for the reconstruction of damaged villages include innovative materials, design and technologies. People that are visiting these brand new villages often report a sense of wonder at these reconstructions. However for the residents these new and modern constructions are often less than ideal, and sometimes even resented.

In the town of Minamisanriku the new shopping district, called Sun Sun, was opened on the 3rd of March, 2017, six years after the disaster, to replace the temporary one that was built just a few months after the tsunami. The project was designed by one of the most famous contemporary Japanese architects, Kengo Kuma, and the location is right in front of the ruins of the Disaster Prevention Office Building, one of the most significant symbols of the disaster. A similar situation is the one of Onagawa, a small town also in Miyagi prefecture, which had been destroyed by the waves. Onagawa is the last town where the train stops, before a long break in the tracks caused the disaster, and therefore the station was also rebuilt. Shigeru Ban, another famous architect who worked on many projects related to disaster relief, did the project. In front of the station lies the rebuilt shopping district called Seapal-Pier Onagawa that looks at the sea in the direction from where the tsunami hit the town. These kinds of rebuilding plans devoted to contemporary architecture and fashionable designers are meant to bring new visitors to these towns to revitalize the local economy, while also attracting new residents. But what about the former residents, the survivors of the tsunami that still live in these areas? When we spoke to the residents in these towns they were not as happy as one might think. To begin with, the rent of the shops in the rebuilt shopping districts is expensive. The few visitors that do arrive do not justify having so much central space devoted to their presence. These spaces have almost no use for the residents because the products are too expensive and useless (most of the shops sell souvenirs or local foods packaged for tourist consumption). On the one hand we can consider these new constructions as an attempt to revitalize the economy of an area by focusing on tourism. On the other hand, we have to think about the fact that they completely change the character of the town, and potentially compounded the traumatic experience for the surviving population. But where are the voices of these people? The only way these voices will not be silenced entirely and ultimately forgotten is through projects like "Voices from Tohoku".

We would like to think that professionals working in DRR and reconstruction would be willing to use the archive as a mean of consultation that could lead them to learn more lessons from past disasters. Many times, speaking with our narrators, we have learned details that helped us in understanding so much more about the local situation. One example of this is related to the Japanese Railway Company's (JR) decision not to rebuild the railways damaged by the tsunami. JR claimed that the railways were mostly deserted even before the tsunami and therefore the investment would not be justified. Seeking agreement with the single municipalities involved, JR promised to help them in developing local tourism and agreed to provide a bus connection to substitute for the trains. Many of the municipalities accepted the deal. People we have interviewed in the town of Minamisanriku agreed that in the countryside people usually drive instead of taking the train, but many of them also pointed out that the demographics of those who were taking the trains must also be considered. The passengers of the local railways were mostly students and the elderly, meaning people that cannot drive. Elderly people claimed they use the trains to move around in the area and that the train was for them also an opportunity to socialize. For students the train was even more critical, because some of them were attending high school in the neighboring town of Kesennuma. The high school in Kesennuma is known to be more suitable for those who are pursuing college admission. For all these people the bus cannot substitute the train, especially because the bus is subject to the intense traffic that characterizes the local highways during rush hours. In this case the train is more than just a piece of infrastructure; it is an integral part of the social life of the community. The cost of replacing it may not be justified when looked at as a business investment, or in purely economic terms. But when it is looked at as one of the core aspects of community revival, as communicated through the narratives of the community members in explaining how they use the service, and what it means to them, then its inherent value become more apparent.

Numbers and statistics cannot tell stories in the same way as oral history;

they are not fluid and "alive" forms of data. Raw numbers can create a base for entrepreneurs and planners to justify their business, but they often have little to do with people and with the way they live their lives. As ethnographers we firmly believe that science and policy should start from the people and develop from their needs. What seems to be going on in Tohoku reconstruction is that all the decisions have been made someplace else and then applied to the different communities, without really considering the local population. "Voices from Tohoku" can serve as a tool of consultation, which can help minimize confusions and misinterpretations. It can also contribute to a more extensive participation of people in public life.

One critique that comes from the experts in DRR though, is that while ethnography is a useful tool to dig into the post-disaster social dynamics, the shape of digital archives of oral narratives such as "Voices from Tohoku" is not yet a perfect tool of consultation for them because it does not have the necessary characteristics to be "received" by hard science scholars and professionals in reconstruction. What is missing, according to scholars we have spoken to, is a "visualization package" (見える化パッケージ) that can make the data readable and understandable to them. Probably one of the common mistakes that people in different disciplines make is taking for granted that scholars from other disciplines can understand their language without any mediation. One of the lessons that we are learning through collaborative and interdisciplinary research is that we still have not reached the stage in which we have achieved perfect communication across the disciplines. However, we are confident that "tohokukaranokoe.org" has the potential to speak to broader audiences of academics willing to understand the local experience of post-disaster communities.

References:

Baer, H. (2012) "Engaged Anthropology in 2011: A View from the Antipodes in a Turbulent Era," *American Anthropologist,* **114**(2), 217-226.

Beck, B. (2006), "Community service learning: A model for teaching and activism," *North American Dialogue,* **9**(1), 1-7.

Borofsky R. (2011) *Why a Public Anthropology?* (e-book). Center for a Public Anthropology, Honolulu:Hawaii Pacific Press.

Boyd A.D., Larson M. A. (eds.) (2014) *Oral History and Digital Humanities,* New York: Palgrave MacMillan.

Charlton, T. L. (1984) "Videotaped Oral Histories: Problems and Prospects," *The American Archivist,* **47**(3) (Summer, 1984), 228-236.

Dimmer, C. (2014) "Evolving place governance innovations and pluralising reconstruction practices in post-disaster Japan," *Planning Theory and Practice,* **15**(2), 260-265.

Forte, M. (2011) *Beyond Public Anthropology: Approaching Zero.* Keynote address delivered by video to the 8th Public Anthropology Conference, "(Re)Defining Paradigms of Praxis," American University, Washington, D.C., October 14-16.

Gardener, J. (1984) "Oral History and Video in Theory and Practice," *The Oral History Review,* **12** (1984), 105-111.

Hasegawa, K. (2007) "Volunteerism and the State in Japan," *The Asia-Pacific Journal Japan Focus,* **5**(12), 2007.

Ligi, G. (ed.) (2009) *Antropologia dei Disastri,* Bari: La Terza.

Low S.M. and Merry S.E. (2010) "Engaged Anthropology: Diversity and Dilemmas," *Current Anthropology,* **51**(S2), S203-S226.

Portelli A. (1998) "What makes Oral History different?", in Perks R. and Thomson A. (eds) *The Oral History Reader,* London & New York: Routledge, pp. 63-74.

(2013) "Public Ethnography: An introduction to the Special Issue," *Qualitative Research,* **13**(4), 391-401.

Quartarelli E. L. (1998) *What is a disaster? Perspectives on the question,* London and New York: Routledge.

Sakamoto, M. (2012) "The Rise of NGOs/NPOs in Emergency Relief in the Great East Japan Earthquake," *Japan Social Innovation Journal,* **2**, 26-35.

Slater D.H., Veselič, M. (2014a) "Public Anthropology of Disaster and Recover 'Archive of

Hope'(希望のアーカイブ)," *Japanese Review of Cultural Anthropology*, **15.**

Slater D.H., Veselič, M. (2014b) "Voices from Tohoku. 'Public' Research," *Designing Media Ecology.*

Slater D.H., (2015) "Urgent Ethnography", in Gill T., Steger B., Slater D. H. (eds) *Japan Copes with Calamity*, Oxford: Peter Lang, pp.25-49.

Stone-MacDonald, A. and Stone, R.M. (2013) "The Feedback Interview and Video Recording in African Research Settings," *Africa Today*, **59**(4) (Summer 2013), 3-22.

Tedlock, B. (2005) "The Observation and participation of and the emergence of public ethnography," in Denzin, N. and Yvonna, L. (eds) *The SAGE Handbook of Qualitative Research*. Thousand Oaks, CA: Sage, pp. 151-171.

Wilson, J. (1986) "The Afro-American Labor Leadership Oral/Video History Series," *The Oral History Review*, **14** (1986), 27-33.

第5章

「命の軌跡」は訴える
東日本大震災、地方紙とデジタルアーカイブ

鹿糠敏和

　岩手県盛岡市に本社を置く岩手日報社は、東京大大学院の渡邉英徳教授の研究室と共同で、東日本大震災の犠牲者の地震発生時から津波襲来時の行動を再現したデジタルアーカイブ「震災犠牲者の行動記録」(https://www.iwate-np.co.jp/page/kodokiroku)を制作し、2016年3月から紙面とウェブで展開した。犠牲者2,135人の最期の行動を可視化し、浮かび上がった遺訓を「命を守る5年の誓い」として提言。制作から3年が経過した現在は教育現場で活用されるなど、反響は多方面に広がる。本稿では、「犠牲者の行動記録」を紹介し、デジタルアーカイブが広げた被災地の地方紙が果たすべき役割を考えたい。

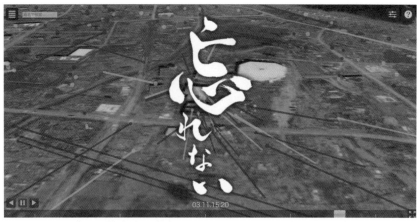

デジタルアーカイブ「犠牲者の行動記録」のトップ画面

デジタルアーカイブ「忘れない」陸前高田市のキャプチャ画面

点をクリックすると犠牲
者の情報が表示される

ストリートビューにリンク可能。画像は釜石市の鵜住居防災センター

第5章 「命の軌跡」は訴える｜鹿糠 ——— 117

使い方

サイトを開き、オープニング画面が終わると操作できます。画面左下で①再生／停止が可能。画面下の②時間軸スライダーは左が地震発生の2011年3月11日午後2時46分、右に行くほど津波発生時に近づく時間の経過を表します。

左上の③視点切り替えで被災した場所を選べます。「岩手県」を選ぶと県内沿岸の全景を見ることができ、そこから好きな場所を選ぶことも可能です。

右上に三つ並んだボタンの真ん中の④地図切り替えでは「被災直後」のほかに「がれき撤去後」「1974—78年」など航空写真・地図を変えることができます。

犠牲者一人一人を表す⑤点をクリックすると、遺族の了解を得た犠牲者687人については、画面右上に⑥犠牲者の行動記録情報が表示されます。⑦2D、3Dの切り替えも可能。操作が重い方はお試しください。スマートフォンからアクセスすると自動的に2Dモードになります。

マウスの左ボタンを押したまま上下左右に動かすことで視点が移動します。パソコン（Windows）はマウスホイールを前後に回転することで、地図の拡大・縮小ができます。

角度を変えるにはマウスの中央ホイールを押したまま上下に動かすか、「Ctrl」キーを押しながらマウスで操作します。

犠牲者を表す⑧点をクリックした後、画面上にある⑨自動車マークを押すと、Google®ストリートビューが起動します。⑩画面下に被災地の様子が表示されます。

一人一人の動きは地震発生時と津波襲来時を結んだもので、動いた方向と速度（10分間の平均移動軌跡）を示します。途中で引き返した場合などは、その通りに表示できないことがあります。

「犠牲者の行動記録」の使い方を説明する紙面

犠牲者の行動記録

東日本大震災の犠牲者の地震発生から津波襲来までの行動を紙面とウェブサイトの両面で再現、展開した。地震が発生した2011年3月11日午後2時46分を起点に、津波襲来時に犠牲者がどこにいたかを明らかにして、点と点をつないだ。

デジタルアーカイブの元になるデータは震災発生5年を前に、岩手日報社の記者が遺族から再取材。可視化は渡邉教授の研究室が手掛けた。地図は国土地理院の航空写真を利用。地形の分かる立体的な地図上で再現した。

元になるデータの調査方法は、遺族に本社記者が面談と郵送で実施。2015年11月6日から2016年1月30日までに遺族1,549人から回答を得て、犠牲者2,135人を分析した。地震発生時と津波襲来時にいた場所が判明した1,326人は避難行動を再現。岩手県内の死者・行方不明者は5,796人。

犠牲者を示す点はクリックすると、「消防団員として住民を誘導していた」「民生委員として地域を見回るために高台から戻った」「『ここまでは津波は来ない』と自宅に残った」など犠牲者の詳細情報を見られる。遺族の了解を得た687人（男性296人、女性391人）は実名で掲載した。男性を青、女性を赤で示す。動きが速い人は自動車での移動、ゆっくりの移動は徒歩などと点の動きで行動を視覚的に判別できるようになっている。一人一人の点からグーグルストリートビューにリンクし、被災した場所の映像も見られるように工夫した。背景の航空写真も立体的に見えて、高台が分かるほか、1970年代のかつての町並みに変更も可能とした。

デジタルアーカイブの見せ方は全面的に渡邉教授にお願いした。日本新聞協会のセミナーでお会いした、渡邉教授の話を聞いた岩手日報社の記者からの紹介でアプローチした。震災5年で遺族からいただいたデータをどうみせるべきか、模索するわれわれに渡邉教授はモデルパターンを提示。沖縄戦、広島の原爆で先行事例があったこともわれわれがイメージするのを助けてくれた。そして、何度もやりとりして微調整を加えて完成させた。

デジタルアーカイブは3月9日からウェブ上で公開。岩手日報朝刊の紙面では、5日付1面トップ、5〜9日付は5日連続で2ページ見開き特集で、犠牲者の行動を分析した記事を載せた。読者の反響は大きく、展開した紙面、関連する企画と合わせて2016年度の日本新聞協会賞、第5回東日本大震災復興支援坂田記念ジャーナリズム賞を受賞した。同協会は授賞理由を「犠牲者の行動記録は、遺族との間に築いた信頼関係が結実したもので、デジタルアーカイブとも連動し記録的価値も高い」などとした。

行動記録の底流

　デジタルアーカイブ「犠牲者の行動記録」のデータの根幹は、遺族から聞き取った犠牲者の最期の行動だ。行動記録が誕生する背景として、岩手日報社が震災後に展開してきた報道について説明しておく必要がある。

　紙面で震災直後から始めた震災特集面は現在も続けており、ニュースのほか、復興の課題を掘り下げる報道は、震災から8年が経過した今も変わらず日々続けている。その中で特徴的なもの、根幹といえると私が考えているのは「命を守る」ということだ。

　命を守る報道とは、大別すると以下の三つに分けられる。

　　・生き残った命
　　・亡くなった命
　　・生きていく命

　この三つの命を大事にした報道の代表的な事例を紹介していく。

　まず「生き残った命」。震災直後、人々が一番知りたいのは安否情報だった。電話は寸断し、インターネットも不通。停電のためテレビも見られず、被災地は完全な情報過疎に陥った。被災地の外からも自分の大事な人の安否確認ができなかった。

　そこで岩手日報は3月13日付から被災者向けの生活情報、14日付から避

難者の名簿の掲載を始めた。避難所に張り出された避難者の氏名の一覧を撮影。データを沿岸から車で2時間かかる盛岡市の本社に持ち帰り、総動員で入力して紙面化した。その数、約5万人分。反響はすさまじく、本社に「この地域はいつ載るのか」と問い合わせが相次ぎ、ホームページへのアクセスも殺到。避難所に配られた紙面はしわくちゃになるまで回し読みされた。携帯電話やインターネットが通じない中、紙の力を感じた瞬間だった。この「命の名簿」を含む一連の報道は2011年の日本新聞協会賞を受けた。

震災発生直後に掲載した「避難者名簿」の紙面

大槌町の避難所で「避難者名簿」が掲載された紙面を読む人たち

　次に「亡くなった命」。岩手県内の死者・行方不明者は5,796人。この方々は2011年3月11日の津波で、突然亡くなってしまった。この方々一人一人に人生があった。だからこそ一人一人の生きた証しを紙面に残し、弔うべきではないか。現場の記者の発案で、震災犠牲者の生きた証しを残す企画「忘れない」を2012年3月11日、犠牲者の一周忌から始めた。
　一人当たり100字程度の紹介と、顔写真で構成。
　これまで3,476人を掲載した。「刺し身が好きだった」「演歌の番組を楽しみにしていた」「大好きなアイドルのライブに行ったばかりだった」。確かにその瞬間まで生きてきたという輝きと、そこにあった日常が突然奪われた悲しみがにじみ出る。取材はすべて遺族からの聞き取り。思いを聞き出すとだいたい2時間はかかる取材となる。じっくり、遺族の話を聞き、取材に応じて

くれたことへの感謝を告げると「自分の中で整理できた」「聞いてくれてありがとう」と言われることも多かった。

震災犠牲者の人となり「生きた証し」を刻んだ追悼特集「忘れない」

「行動記録」の誕生

　この追悼企画「忘れない」が三つ目の「生きていく命」に向けた企画につながる。それが本稿の主テーマ「犠牲者の行動記録」だ。

　生きていく命とは、未来を生きる人のこと。岩手県沿岸で復興を担う世代だけでなく、国内各地で、世界中で生きていく命のことだ。追悼企画「忘れない」の取材に協力いただいた遺族からは「次の津波では2度と悲しい思いをしてほしくない」「ほかの地域では教訓を生かしてほしい」という声が多く聞かれた。教訓を生かすためにどうすればいいか。震災5年を前に「忘れない」に協力いただいた遺族に再取材することにした。

　震災から5年が経過しようとする時期になると、遺族は自分の大事な人が最期にどのような行動を取っていたのかを周囲の人に聞き取るようになっていた。遺族1,549人に改めて取材し、犠牲者が地震発生時にどこにいて、津波襲来までの約30分のうちにどのような行動をしたのかを分析した。それを可視化しようとしたのがデジタルアーカイブにつながった。

　デジタルアーカイブとして動きを可視化したことで、これまでいわれてきた避難時の課題がはっきりと分かってきた。

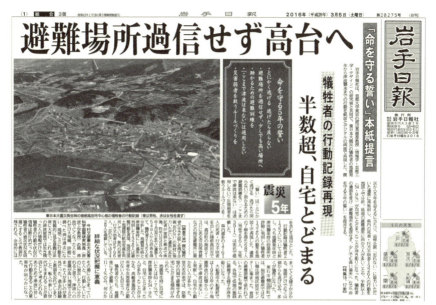

2016年3月5日付岩手日報1面の一部

　低地の避難場所に向かう人が多いことや、半数以上(54・9％)が自宅にとどまったことが浮き彫りになった。県内最多の1761人の死者・行方不明者を出した陸前高田市では、海抜2～3メートルにある市民体育館などの指定避難所に集まってくる様子が分かる。海側だけでなく山側からも逃げ込む様子もはっきりと見えてきた。

　一方「ここまで津波は来ない」と判断し、自宅から動かない人もいた。地震発生時に自宅にいた人は63.7％で、津波襲来時も54.9％と、自宅にとどまった人が多かったというデータが視覚的に分かるようになった。高齢者施設の入所者や災害弱者など動けない人も目立った。

　犠牲者のうち、地震後にすぐ避難した人は11.1％のみ。何らかの行動後に避難した人が27.3％、避難せずに自宅や勤務先などに残った人は29.3％で、すぐに避難することが命を守る大前提であることが分かった。

地域ごとに浮かぶ教訓

　ここからは地域別に犠牲者の行動記録を見ていきたい（亡くなった人の年齢は当時）。東日本大震災で岩手県内最多の死者・行方不明者が出た陸前高田市は、市内の広範囲に津波が押し寄せた。デジタルアーカイブで可視化した結果、四方から低地にある避難所を目指す人が多い傾向が見られた。遺族が亡くなった大切な人を思って証言したデータは「少しでも高い場所へ逃げる」という教訓を訴えかける。

　陸前高田市の最大の特徴は、避難所に逃げた多くの人が津波にのまれた点が挙げられる。海岸近くの人はまず山側の避難所を目指したことが見えてくる。

　海に近い同市気仙町の高田松原にいた63歳男性は、避難所だった同市高田町の市民体育館に向かって移動を始めた。海から直線で約1キロの体育館には海側だけでなく、四方から市民が集まる。85歳男性は自宅よりも海側にあった市民体育館へと向かった。85歳男性の遺族は「放送で津波の大きさがはっきりしていれば、山の方向に避難したかもしれない」と心情を吐露する。市民会館や公民館など平場の避難所にも多くの人が入る様子が分かる。

　これらの動きは、行政の避難所設定の課題を突きつけている。建物が並ぶ震災前の高田町では、これらの建物は海から離れている感覚だったが、実際の海抜は2〜3メートルと低かった。

　地震発生時は安全な場所にいたものの、車で浸水域に入る動きも見られた。家族を迎えに自宅に戻った人がいたほか、避難誘導や災害弱者支援のため、民生委員や消防団員、警察官らの逃げ遅れもあった。

地震発生時に陸前高田市の犠牲者が取った行動を示した紙面

・ ─ ・ ─ ・ ─ ・ ─ ・ ─ ・ ─ ・ ─ ・

　デジタルアーカイブで、犠牲者の動き方を可視化することで、以上のような分析が可能になった。それを紙面でどう表現するか。われわれは巨大なグラフィックを制作して対応した。地震襲来時と津波襲来時の2枚の地図で表現。ウェブ上でデジタルアーカイブを見た人はより分かりやすく、紙面だけ見た人も理解できるようにしつつ、ウェブを見たいと思わせるにはどうしたらいいか、試行錯誤を繰り返した。

　紙面では動き方の分析に加え、地域の特徴的な動きを「焦点」として浮き彫りにすることにも注力した。陸前高田市の場合は低地にあった県立病院での出来事を検証。デジタルアーカイブでは動かない点の集合は、入院中のため動かないで孤立した患者、助けようとした職員らだった。

第5章　「命の軌跡」は訴える｜鹿糠　125

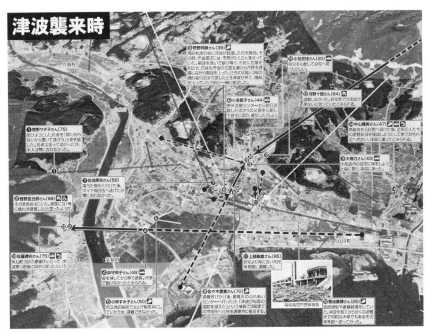

津波襲来時に陸前高田市の犠牲者が取った行動を示した紙面

　加えて紙面では、遺族の思いを特に大事にした。大切な人を奪われ、なぜ、どうしてと思う遺族の思いを収録した。

　例えば陸前高田市では74歳男性が登場。約80〜100人が犠牲になった陸前高田市の市民体育館で妻＝当時(67)、長男＝同(42)、長女＝同(39)＝を亡くした。3人の最期の場所が安全なはずの1次避難所だったことに疑問を抱く姿を紹介した。

　この男性が、

　　「震災まで市の避難所設定に違和感はなかった。だが、津波で何もなくなった市街地を眺めると体育館の海抜は想像以上に低く、『行政が扇状地で平地が続く中心部の地形を適切に把握し、避難所を高台に設けて

126 ──── 第2部　復興に向けて人々の声、地域の歴史を残す

さえいれば多くの命が助かった』と思えてならない。
　二度と同じ犠牲を生まないためにも『住民が高い場所に迷わず避難できる環境が必要だ』と避難所指定基準の厳密化、津波避難路を軸とした逃げ道の確保を求め、古里のまちづくりの行方を見やる」

との思いを抱いていることを紙面で紹介した。

地域ごとの教訓、共通する教訓

　低地で動いた人

　一人一人が想定にとらわれず、高台に避難する意識を持つことの必要性が浮かび上がったのは、釜石市鵜住居地区の事例だ。訓練で利用されていた低地の施設に避難した住民が多く犠牲となったことが分かった。以下に紙面で分析した内容を紹介する。

　釜石市鵜住居町の鵜住居地区防災センターには地域住民が相次いで避難したが、津波が押し寄せて200人ともいわれる犠牲者が出た。

釜石市の鵜住居防災センターに集まってくる様子が分かるデジタルアーカイブの画面

鵜住居防災センターへ避難　高台に向かわず

「訓練通り」悲劇招く

鵜住居防災センターで犠牲になった人の行動を検証した紙面

70歳女性は自宅から近所の人たちと声を掛け合って避難。山側からわざわざ危険な海側のセンターに向かう動きも見えてくる。

　遺族アンケートでセンターに避難したことが分かっている犠牲者48人のうち、地震後すぐに避難したと答えた割合は47.9％で、同市全域(13.6％)の3.5倍。避難意識はあったものの、なぜ命を守れなかったのか。

　2010年2月に開所したセンターには、「防災」の冠称がつき、地元住民の避難訓練の場所として利用されていた。64歳男性の遺族は「新しくできた所なので、安心して避難したのではないか」と推察する。

　ただ、同センターは津波注意報や警報が発表されたときに向かう「1次(津波)避難場所」ではなく、地域の本来の避難場所は高台の寺院だった。センターを訓練に利用していたこともあり、津波避難の場所として混同していた住民も多かったとみられる。

津波に襲われた大船渡市中心部。3階建てのビルがすっぽり隠れた＝2011年3月11日、筆者撮影

加えて「遺族の思い」として紹介した34歳男性は、父＝当時(63)、母＝同(62)＝を失い「先祖が眠る寺院が避難場所という認識はあったと思うが、普段の訓練通りに避難したのだろう」と推測。新しい地域の防災拠点への安心感があったともみていた。「地域、家族で本当の避難行動を確認してほしい」。両親の死、地域の多くの犠牲を経て高台に逃げる訓練の大切さを訴えた。

大船渡市中心部に向かう津波。船をなぎ倒し、街を襲う（2011年3月11日、筆者撮影）

動かない人たち

次に紹介するのは大船渡市と宮古市田老町の「動かない」人たちだ。「ここまで津波は来ない」という思い込みが尊い命を奪った。

大船渡市大船渡町の市街地は、JR大船渡線の山側と海側で明暗が分かれた。山側では1960年のチリ地震津波の記憶から「津波はここまで来ない」と動かない人が続出。経験が避難の足かせとなった。

線路より山側の自宅にいた男性(83)は自宅の庭に立っていた。避難を促した近所の人もいたが「大丈夫だから」と話していたという。さらに山側にいた別の男性(83)も自宅まで津波が達するとは思っていなかったとみられる。

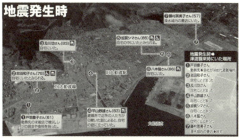

大船渡市街地を検証した記事。「動かない人」に焦点を当てた

　大船渡市は過去何度も津波に襲われ、1960年のチリ地震津波では国内最大の被災地となる被害を受けた。大船渡では津波といえば「チリ」。当時の浸水域が津波の浸水域という認識として市民にすり込まれていた。よく「線路より上には来ないよ」といわれていた。津波の記憶が新しい同市は、避難訓練を重ね、津波への意識は高かった地域といえる。

　だが、市民も行政も判断基準がチリ地震津波だったため、それ以上の想定が難しかった。

　線路より海側に住んでいた86歳男性の行動はさらに象徴的だ。チリ地震と1933年の昭和三陸の2度の津波を経験。鉄筋コンクリート造り3階建ての住居を造り「3階に上れば津波を防ぐことができる」と語っており、逃げなかったようだと遺族は証言する。

　同様に動かなかった地域がある。宮古市田老町だ。

　「万里の長城」とも呼ばれ、震災前の宮古市田老にとって津波防災の象徴で

もあった「X型」の巨大防潮堤。震災の津波はそれを簡単に乗り越え、破壊した。しかし、デジタルアーカイブ上の犠牲者の多くはほとんど動かない。防潮堤を過信し、多くの人たちが逃げなかった現実が浮き彫りとなった。

田老の犠牲者73人のうち、津波襲来時に自宅またはその付近にいたのは71.2%。沿岸全体の54.9%と比較すると際立って高い。

自宅で犠牲となった82歳男性は、警報で津波の高さを聞き、自宅にとどまった。逃げずに家の2階から海を見ていた人もおり、中には、地震後に津波を見ようと防潮堤に上った人もいた。

高さ10メートル、総延長2.4キロの防潮堤は、昭和三陸大津波(1933年)を受けて、順次整備が進められた。犠牲となった人たちの多くは、防潮堤の内側で動かなかった。しかし、最大16.3メートルの津波によって、そのほとんどが破壊された。本来は「避難」を重視した構造になっていた。ただし、犠牲者で地震後にすぐ避難したのは11％にすぎない。防潮堤が「逃げる」という

デジタルアーカイブで見る山田町の介護老人保健施設

最も重要な行動を鈍らせてしまった。

　夫を亡くした遺族は語る。夫は「（防災無線で流した）3メートルの津波なら心配ない」として、逃げなかった。遺族は「あれはいいもので、悪いものでもある」。立派なX型防潮堤に守られている安心感から「夫を含めて住民に油断があったのだろう」と感じる。地元では過去の大津波で被災した経験から毎年避難訓練が行われてきたが、「参加しない人を中心に犠牲になった」。防災意識の希薄化が被害につながったとも見ている。

動けない人も

　「動かない人」に対して「動けない人」も多くいた。デジタルアーカイブは、低地に立地した高齢者福祉施設がいかに危険かを分かりやすく視覚に訴える。山田町の施設では、多くの入所者が動けないまま津波襲来を迎えた。

　津波の襲来が刻一刻と迫る中、山田町船越の介護老人保健施設「シーサイドかろ」にいるたくさんの人に動きはない。海に近い施設に入所した高齢者の多くは、動けない状況だった。

　地震発生、大津波警報発令を受け、事務長は入所者の避難誘導を始めた。多くの入所者は要介護度が高く、寝たきりの人もいた。そのため100人近い高齢者の避難は簡単には進まなかった。

　ホールで避難の順番を待つ高齢者、施設職員にバスに乗せられ、発車を待つばかりの高齢者がいる中、海が施設全体に牙をむいた。車椅子のまま津波に流される人もおり、岩手県内の高齢者福祉施設では最多となる88人の利用者と職員が犠牲になった。居室のあった2階は海抜7メートル程度。巨大津波には耐えられない立地だった。

　同様のケースは各地で見られた。大船渡市三陸町越喜来の特別養護老人ホーム「さんりくの園」は利用者、職員合わせて57人が犠牲になった。自らの行動は不可能で、避難に手が回らず被災したとみられる高齢者もいた。

　いずれも避難に支援が必要な高齢者が、浸水域に集まって暮らしていたことが招いた悲劇である。職員がいくら頑張っても、入所者の迅速な避

難には限界がある。だからこそ「高齢者施設は必ず高台に建てる」というルールを徹底しなければならないと提言した。

　動けない人は高齢者施設だけではない。自宅で寝たきりだったり、けがを負っていた人も動けなかった。動けない人を助けようとして犠牲になった人もいる。犠牲者全体で16.1％が災害時に援助が必要な人だった。同時に11.4％が家族や知人の避難を支援していて亡くなった。

釜石市街地を検証した記事。「動けない人」に焦点を当てた

———・———・———・———・———・———・———・———・———

　以上のように、デジタルアーカイブ「犠牲者の行動記録」で各地の犠牲者の動きの特徴が見えてきた。岩手日報社はこの亡くなった人が教えてくれる教訓、つまり「遺訓」を受け、5項目を「命を守る5年の誓い」として掲げた。

・とにかく逃げる　逃げたら戻らない
　各地で一度逃げたのに自宅や職場に戻った人が犠牲になった。また家の

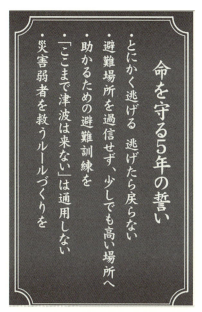

デジタルアーカイブで浮かび上がった教訓
をまとめた「命を守る5年の誓い」

　片付けなど何かをしてから逃げようとしている人もいた。

・避難場所を過信せず、少しでも高い場所へ
　低地の行政指定の避難場所に逃げて犠牲になった人がいた。

・助かるための避難訓練を
　本来の避難場所ではないところで避難訓練を行ったため、多くの人が逃げた場所で犠牲になった事例があった。

・「ここまで津波は来ない」は通用しない
　過去の津波の浸水域にとらわれ、逃げなかった人がいた。防潮堤など構造物を過信し、逃げなかった人もいた。

・災害弱者を救うルールづくりを
海沿いの高齢者施設で動けない多くの人が犠牲になった。在宅でも動けない人がいた。普段から災害弱者をどう救うか地域でルールを決めなければならない。

以上の5項目をまとめ、3月5日付の1面で発表した。この提言をまとめる上で、立体的な地図上で、犠牲者の動きを可視化できたことが何よりも大きい。膨大なデータをどう生かすか、60人以上の記者が遺族との信頼関係で得た遺訓をどう形にするか、デジタルアーカイブがもたらした効果はとてつもなく大きかった。

———・———・———・———・———・———

データ分析の新手法と技術的な波及効果

渡邉教授からアドバイスをいただきながら、岩手日報社独自で分析したものもある。Google Fusion Tables を使い、宮古市の犠牲者の年齢分布を分析した結果、高齢者ほど避難しない傾向が浮かび上がった。地図上で色分けできる機能を使用。過去の経験が避難の足かせになる、弱っていて動けないなど理由はさまざまだが、大きな傾向をつかむには非常に有効だった。

行動記録で得た手法を応用し、Google Fusion Tables を使った紙面での表現は広がりを見せている。岩手県では長年、人とツキノワグマの共生が課題となっている。近年は里山の管理が行き届かずツキノワグマの出没と物的被害、人的被害が頻発する状況だ。そこで2017年から本紙で週1回「クマ情報」を展開。その際に記事だけでなく、より視覚に訴えるものとして、全県に出没したクマを重ねた地図の掲載を始めた。

物珍しさもあり、インターネット上で「クマがかわいい」と評判を集める人気コンテンツになった。初回は担当記者が2時間もかけて実際に地図に落とし込む作業をしていたが、Google Fusion Tables を使うことを提案。作業は最短で10分程度で終わるようになり、記者の「働き方改革」にもつながった。

高齢者ほど避難せず
年代別にみる津波犠牲者
海から遠い地域で顕著

宮古市で犠牲者が津波に遭った位置を年代別に色分けして調査した。沿岸全域で高齢層ほど自宅などにとどまり避難しなかった傾向がみられ、宮古市内では特に、同市田老で犠牲になった場所の海からの距離のあるところに比較的海から距離のある場所で津波に巻きこまれた人が多いのも特徴となったことが判明している。

アンケートでも、「避難しなかった」は60歳以上の60代31.7%、70代56.7%、80代41.4%に対して、90代以下は66.7%（同8.8%）だった。同60歳未満は、10代2%（同35.1%）、20代6%（同28.1%）、30代5%（同46.2%）、40代15%（同50.9%）だった。

一方、壮年層はすぐ避難せず、何らかの行動を取ってから避難した割合が高い。津波避難の手伝いや家族の迎えなど、「でんでんこ」の基本ができない実態が浮かびあがった。

避難できない人の命を守る地域の体制づくりを進めるとともに、高齢層の避難意識をどう高めるかも課題になる。

Google Fusion Tablesを使い、犠牲者の年代の特徴を分析した紙面

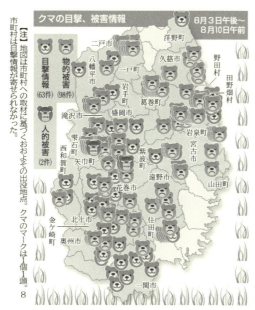

毎週掲載している「クマ情報」。Google Fusion Tablesを使っている

犠牲者の行動記録を紙面に落とし込む作業も、本紙のグラフィック部門にとって大きな挑戦だった。新聞社にとって、デジタルアーカイブに挑戦することは、新たなコンテンツをつくるだけでなく、従来の紙面の質を向上させるという効果もあった。

「行動記録」の広がり

　「犠牲者の行動記録」は各方面に広がりを見せ、現在も応用する動きが続いている。遺族と岩手日報社の記者の信頼関係から得たデータのため、オープンソースにはできないが、大学の研究者が活用する動きも出てきた。

　また、今村文彦東北大災害科学国際研究所長(津波工学教授)には掲載当初にコメントをいただいた。「津波で亡くなった人をこれだけ大規模、詳細に調べた例は過去にない。地域ごとに行動を客観的に見る意義は非常に大きい。これまでの津波被害では生き残った人の情報だけで、犠牲者の行動や状況の情報は断片的だった。犠牲者の被災状況を明確にすることで教訓が残される。」と評していただいた。

　津波は世界各国の沿岸で想定される災害。遺訓を世界に伝えるため、英語版とインドネシア語版も制作し、教訓を世界に広げている。

　2017年に仙台市で行われた「世界防災フォーラム」では会員制交流サイト(SNS)世界最大手のFacebook、一般社団法人防災ガールと一緒に発表。岩手日報社単独でも発表し、世界に遺訓を発信した。

未来を担う命へ

　視覚に訴えるデジタルアーカイブは、教育との親和性が高い。全国の講演で使われるほか、NIE(Newspaper in Education＝「教育に新聞を」)との相性も良く、学校での出前授業も展開している。

　新しい学習指導要領で求められる力(「生きる力」「主体的・対話的で深い学び」「情

報活用能力」「安全に関する資質・能力」「ICTの活用」)を効果的に高められるほか、岩手県教育委員会が進める「いわての復興教育」プログラムに取り組む上で効果的な資料となっている。

　筆者はこれまで小、中、高校で出前授業を実施。特別支援学校で授業をした記者もいる。筆者は大船渡市で被災し、自宅兼支局が全壊した経験を持つ。体験談を語った後、デジタルアーカイブを使って犠牲者の遺訓を伝えるのが主な授業の流れである。デジタルアーカイブで動きを見ながら、子どもたちに考えてもらう授業を展開することで、子どもの気づきを大事にする。

　内陸の滝沢市の柳沢小学校で授業を受けた児童が後日、授業の感想を「はがき新聞」にして届けてくれた。その中には「滝沢市は津波の心配は無いが、噴火の心配があるので意味のある避難訓練をしたい」とあった。犠牲者が遺訓として残した「助かるための避難訓練を」が、この子の中で生きていると感じた。

　津波で無念のうちに亡くなった人の遺訓が、未来を担う子どもの中で生き続ける。これこそ犠牲者を弔い、教訓を未来へつなぐことなのだと実感できた瞬間だった。

英語版デジタルアーカイブ「忘れない」

インドネシア語版デジタルアーカイブ「忘れない」

「犠牲者の行動記録」を活用する動きを紹介する紙面

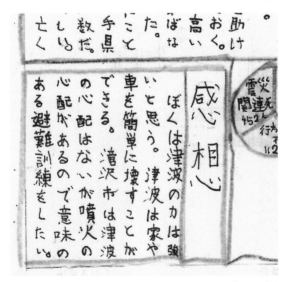

「犠牲者の行動記録」を学んだ小学生が感想を綴った「はがき新聞」

津波は必ずまた来る。津波だけではない。次の災害は刻一刻と迫っている。そのとき、岩手だけでなく、日本各地で、世界各国で、東日本大震災で亡くなった人が教えてくれたこと＝遺訓が響き、少しでも多くの命が救われるなら、亡くなった人の教えが「生きる」ことになる。それを伝え続けることが被災した土地に生きる新聞の使命だと思っている。

第6章

市民の力で地震史料を
テキスト化「みんなで翻刻」

橋本雄大

1　はじめに

　文字で書かれた歴史資料を活字に起こす作業を、歴史学の用語で「翻刻」という。京都大学古地震研究会が運営する「みんなで翻刻」(https://honkoku.org/)は、膨大な点数が残されている江戸期以前の災害史料を、多数の人々の手によって翻刻するインターネット上の参加型プロジェクトである。2017年1月のWebサイト公開以来、4,000人を超える人々がこのプロジェクトに参加者として登録し、これまでに470点の災害史料が翻刻されている。参加者によって入力された文字は520万文字を超えた。

　2011年の東日本大震災以来、さまざまな機関によって災害史料のデジタルアーカイブ化が進められてきた。一方でデジタルアーカイブの構築や活用にあたり、市民参加の要素を取り入れたプロジェクトはまだ数が少ない。その意味で「みんなで翻刻」は貴重な事例と言えるだろう。本稿では、「みんなで翻刻」プロジェクトの背景、手法、成果について報告し、デジタルアーカイブにおける市民参加について今後の展望を述べる。

2　京都大学古地震研究会

　日本の国土は歴史的に多数の自然災害に見舞われてきた。このため江戸時代以前から伝わる多数の災害記録史料が日本には残されている。自然災害、特に地震や火山噴火といった災害は、同じ地域で周期的に発生するため、過去の災害のありさまを伝える歴史資料は将来の災害に備えるために非常に重要なデータである。日本の地震学研究者は1世紀以上にわたり、歴史研究者と協力しながら災害史料の収集と研究にあたってきた。

　すでに1904年には最初期の地震史料集である『大日本地震史料』上下巻が刊行されている。その後も数年から数十年の中断を挟みつつも『増訂大日本地震史料』(全3冊、1941-43年刊行)、『日本地震史料』(全1冊、1951年刊行)、『新収日本地震史料』(全21冊、1981-1994年刊行)、『日本の歴史地震史料拾遺』(全8冊、1998-2012年刊行)といった大部の史料集が刊行されてきた。しかしながら、これら既刊の史料集に未収録の災害史料も相当数残されていると考えられ、災害史料を収集し翻刻する作業の意義はいまだ失われていない。

　京都大学古地震研究会は、地震研究と防災研究への応用を目的として、江戸期以前の歴史災害史料の解読と翻刻にあたっている研究グループである。ともに地震研究者である中西一郎教授(京都大学理学研究科)と加納靖之准教授(現東京大学地震研究所、元京都大学防災研究所)のもと、2012年から活動を続けている。もともと古地震研究会は京大理学研究科に在籍する教員や学生を中心とするグループであったが、現在は京大の学内外から日本史学、地理学、科学史、経済学、気象学、人文情報学といった分野を専門とする多彩なメンバーが参加している。参加者の身分も教員、研究員、学生、図書館司書、近隣住民など多種多様である。

　歴史資料の翻刻は「アナログ」な作業と考えられがちだが、古地震研究会は早くからITの活用に関心があり、クラウドサービスを使用した翻刻文のオンライン共有や、文献史料の研究支援ソフトウェアの試用などに取り組んできた。筆者が古地震研究会に参加を始めたのも、大学院生時代に筆者が開発

第6章　市民の力で地震史料をテキスト化「みんなで翻刻」｜橋本 ──── 143

に携わっていたSMART-GSという文献史料の研究支援ソフトウェアについて、加納准教授から問い合わせを受けたことがきっかけである[1]。

　古地震研究会は京都大学理学研究科を拠点としており、毎週水曜日に定例の研究会を京大北部キャンパスで開催している。古地震研究に関心を寄せる研究者は他地域の大学や研究機関にも在籍しているが、遠方の研究者が平日夕方に京都で開催される研究会に出席することは難しい。「みんなで翻刻」のごく初期のアイデアは、こうした遠隔地の研究者とオンラインで史料を共有し、共同で史料翻刻を進めるためのプラットフォームを構築するというものであった。このアイデアは古地震研究会代表の中西教授によるもので、教授によると『SAT大正新脩大藏經テキストデータベース』(http://21dzk.l.u-tokyo.ac.jp/SAT/)についての講演を聴講したことから着想したという。このデータベースは、仏教学研究の最重要史料のひとつである『大正新脩大藏經』を詳細な注釈と共に全文公開するテキストデータベースであるが、その構築は世界中の仏教学研究者がインターネット上で協働することで実現したのである[2]。

　初期の「みんなで翻刻」は、このような「専門家間のコラボレーション」の実現を目的とするものであった。この構想が現在のような非専門家も含む市民参加型プロジェクトへと発展していった背景には2つの要因がある。ひとつは、2000年代後半に始まった「デジタル人文学」分野におけるクラウドソーシング型プロジェクトの流行であり、もうひとつは、「みんなで翻刻」に先立って大阪大学を中心に開発公開された「くずし字学習支援アプリKuLA」の成功である。以下ではこれらについて説明しよう。

3　デジタル人文学分野の先行事例

　「デジタル人文学(Digital Humanities)」とは、2000年代半ばに欧米を中心として形成された情報学と人文学の融合分野である。この分野で扱われるテーマは、統計的手法を用いた文学作品の計量分析や、画像処理技術を駆使した芸術作品の解析、デジタルアーカイブのメタデータ規格、GIS技術の歴史地図

への適用など多岐にわたる。ここに挙げたテーマは、いずれもデジタル人文学の形成以前から人文学や情報学の各分野で個別的に研究されてきたものである。デジタル人文学は、これらの研究手法と研究成果を横断的に共有し、一個の学術分野として独立させようという意図のもとで形成されたのである。

デジタル人文学分野では、2010年前後からインターネットを駆使した「クラウドソーシング」型プロジェクトの実践が活発に研究されるようになった。この用語は雑誌Wiredの編集者ジェフ・ハウによる造語で、もともとはAmazonなどのIT企業がインターネットを通じて不特定多数の人々に業務をアウトソースするビジネス形態を指す用語である[3]。その後、インターネット上の市民参加型プロジェクトを指す用語として、学術分野でも広く使用されるようになった(ただし、ビジネス由来の「クラウドソーシング」という用語を学術研究に対するラベルとして使用することには異論も多い)。

人文学領域でもっとも初期に実施されたクラウドソーシング・プロジェクトは、2008年にオーストラリア国立図書館が開始したAustralian Newspaper Digitization Project（ANDP, https://www.nla.gov.au/content/newspaper-digitisation-program）である。ANDPは、同図書館が運営するオンライン資料データベースTroveのサブプロジェクトとして実施されている。Troveでは、19世紀初頭から20世紀中葉までにオーストラリア国内で刊行された1,000以上の新聞がデジタル公開されており、閲覧可能な紙面画像は総計2,000万ページに及ぶ。また、紙面のOCRスキャンによって得られたテキストデータをもとに、新聞記事の全文検索サービスも併せて提供されている。しかし古い時代の新聞は不鮮明な印刷のために、OCRスキャン時に誤認識が頻繁に発生する。そこでTroveは2008年8月に市民参加を利用した記事の校正システムを導入した。Troveの利用者は、サイト上の記事閲覧画面でOCRスキャンの誤認識を発見した際に、校正システム上で訂正作業を行うことができる。2011年の時点で、2,600万行の新聞記事がボランティアによって校正されたと報告されている。

ANDPの成功を受けて、各地の文化学術機関において人文学資料を対象と

した同様の市民参加型プロジェクトが次々と実施された。いくつか代表的な
事例を紹介しよう。

Transcribe Bentham（http://blogs.ucl.ac.uk/transcribe-bentham/）

　ユニバーシティ・カレッジ・ロンドンが2010年から運営している
Transcribe Benthamは、デジタル人文学分野においてもっとも成功した市民
参加型プロジェクトとして知られる。このプロジェクトは、哲学者ジェレ
ミ・ベンサム（1748-1832）が遺した4万4,000ページに及ぶ未刊行の手稿群を、
インターネットを通じて参加する多数のボランティアの手によって全文翻刻
し、新版のベンサム全集として刊行することを目指す試みである。プロジェ
クトの公開後、ニューヨーク・タイムズなど複数の有力メディアに特集され
たことから Transcribe Bentham は大きな注目を集め、2018年7月時点までに2
万ページ以上が同プロジェクトを通じて翻刻されている。

Smithsonian Transcription Center（https://transcription.si.edu/）

　国立自然史博物館や国立アメリカ歴史博物館など、ワシントンDCの中心
部にある19の博物館および研究センターを運営するスミソニアン協会が主
催する、博物館資料の市民参加型翻刻プロジェクトである。スミソニアン協
会が収蔵する科学研究のフィールドノートや日誌、写真アルバムや手書きの
原稿、生物標本に至るまで、スミソニアン協会が所蔵するさまざまな文字資
料がボランティアによって翻刻されている。2013年のサイト開設後、1万人
を超えるボランティアによって38万ページに及ぶ文字資料が翻刻され、資
料の検索や内容把握のために活用されている。

Old Weather（https://www.oldweather.org/）

　19世紀から20世紀初めにかけて書かれた米国船の航海日誌を、ボラン
ティアの手によって翻刻するプロジェクトである。航海日誌には当時の気象
状況が詳しく記録されているため、その翻刻テキストは歴史的な気候変動を
把握するための有用なデータとなる。こうした古い気象観測データを掘り起
こし、現在の気候研究に利用する活動はデータレスキューと呼ばれており、
世界中で精力的に取り組みが進められている。

Shakespeare's World（https://www.shakespearesworld.org/）

ワシントンDCに所在するフォルガー・シェイクスピア図書館とオックスフォード英語辞典(OED)によって共同で運営されるShakespeare's Worldは、シェイクスピアと同時代に生きた人々の手稿を市民参加によって翻刻し、シェイクスピアが生きた当時の理解を深めることを目的としたプロジェクトである。シェイクスピアの死後400周年にあたる2016年より、市民科学ポータルサイトのZooniverse上でホストされている。参加者が翻刻する文章の中には、OEDに含まれていない単語も存在する。そうした単語は自動で抽出され、OEDの掲載語の追加に役立てられる。プロジェクトの進捗は定期的には報告されていないが、開始5週間目には1万3,000人のユーザーがサイトを訪問し、2万4,252件の翻刻文が登録されたという。

青空文庫（https://www.aozora.gr.jp/）

日本にはこうした市民参加型の翻刻プロジェクトの数は少ないが、「青空文庫」は大きな成功を収めている。青空文庫は編集者・著述家の富田倫生氏らが呼びかけ人として1992年に開始したプロジェクトで、著作権が失効した近代以降の刊行作品をボランティアの手で翻刻し、HTMLやプレーンテキスト形式でインターネット公開している。2018年7月時点では、およそ1万4,000点の作品が青空文庫上で公開されており、多数の人々に愛用されている。

　ここまで紹介した事例の他にも、デジタル人文学分野では多数のクラウドソーシング型プロジェクトが実施されている。当初は研究者の協働プラットフォームとして構想されていた「みんなで翻刻」を、市民参加型のプラットフォームとして開発するアイデアは、これらの先行プロジェクトから得たものである。しかしながら、災害史料の翻刻に市民参加を導入するこのアイデアの実現可能性について、当初筆者にはまったく自信が持てなかった。というのも、文字解読に関して大きな困難が予想されたためである。

　ここ数世紀のあいだ筆記体系に大きな変化がない英語圏であれば、訓練を受けていない一般市民でも、18世紀や19世紀の歴史資料を読むことにさほどの困難は生じない。たとえばTranscribe Benthamで翻刻の対象とされてい

る手稿は、英語の筆記体表記に慣れていれば日本人でも解読できる程度のものである。しかし「くずし字」で書かれた江戸時代以前の日本語史料は、訓練を受けた専門家を除いて現代人にほとんど読めなくなっている。このような難易度の高い史料をインターネット上で公開したところで、大規模な翻刻が実現するとは考えにくい。

ところが後述する「くずし字学習支援アプリKuLA」の開発に参加したことがきっかけとなり、筆者はこの考えを大きく変えることになった。

4　くずし字学習支援アプリの開発

「くずし字学習支援アプリKuLA」は、「くずし字」解読の初学者を対象とした学習用アプリケーションである。AndroidとiOSの両プラットフォームで公開されており、いずれも無料で利用できる。KuLAは大阪大学文学研究科を中心に開発されたアプリであるが、実は古地震研究会の活動と深いつながりがある。

古地震研究会では年2回、「合宿」と称して地震史料解読の集中講座を実施している。合宿といっても、会場は普段の活動と同様に京都大学構内である。ただし、この期間は関東など他地域の研究機関に所属する研究者も参加し、3日間にわたって集中的に史料解読に取り組む。2014年夏のこの合宿で、大阪大学文学研究科の飯倉洋一教授をゲスト講演者としてお迎えする機会があった。近世日本文学を専攻し、海外の研究者とも交流のある飯倉教授は、日本国外で日本文学を専攻する学生や大学院生のために、かねてからくずし字学習を支援するスマートフォンアプリを開発する計画を立てていたが、プログラミングを担当する開発者を見つけることができずにいた。講演の中で飯倉教授がこの話題に触れた際、システム開発経験のある筆者が会場に居合わせたため、筆者が開発者として大阪大学のプロジェクトに参加する形で、くずし字学習の支援アプリ開発が始まったのである。

飯倉教授の計画について伺い、筆者がすぐに開発への参加を決めた理由は、

筆者自身が古地震研究会の活動を通じてくずし字解読の習得の困難さを痛感していたからである。ここで具体的にその難しさについて説明しておきたい。

現在の日本語の筆記体系は、それぞれ46文字から成る平仮名と片仮名、これに漢字やアルファベットを組み合わせた文字で構成されるが、このシステムが成立したのは明治時代以降のことである。江戸時代以前には、現在使用されていない多数の平仮名が存在していた。たとえば現在の「す」という文字は、漢字の「寸」から派生した文字である（派生元の漢字を「字母」という）。しかし江戸時代以前には、同じ「す」という音を表現するために、「寿」「須」「数」などの異なる漢字を字母とする複数の字体が用いられていた（図1）。こうした平仮名の異体字を「変体仮名」という。

1900年の小学校令施行規則改正によって、仮名の字体文字が1種類に統一されると、変体仮名は公教育の場から排除され、1908年に一部の変体仮名が復活したものの、1922年には完全に廃止された[4]。現在では、看板などの限定された場所を除けば、変体仮名を目にする機会はほとんどない。このため江戸時代以前の文献を解読するためには、まず数十種類の変体仮名の読み方を習得する必要がある。

変体仮名に加えて、くずし字の解読を困難にしている要素が、漢字の草書表記である。たとえば「前」という漢字を草書体で筆記する場合には、筆で速記するために字画を大きく省略した形で書かれる（図1）。さらに文字は連綿体で書かれることが多いため、初学者には一字一字の区分の判読も難しい。草書の形態は時代や地域によってさまざまに変化があるが、江戸時代には御家流（青蓮院流）と呼ばれる書体が普及し、寺小屋における教育を通じて武士層から農民層まで同一の書体で文字を書くことが可能になった。しかし、明治時代に活版印刷が導入されると、楷書体による漢字表記が普及し、変体仮名と同様に次第と草書体漢字も利用の場を失っていった。

2018年現在、日本の義務教育の学習指導要領には、変体仮名や草書体漢字についての学習は盛り込まれていない。くずし字解読の教育は、大学の日本文学や日本史の講座、カルチャーセンターの古文書講座など、ごく一部に

第6章　市民の力で地震史料をテキスト化「みんなで翻刻」｜橋本 ──── 149

図1　上：変体仮名の「す」(出典：MJ文字情報一覧表、CC BY-SA 2.1)
　　　下：草書体で書かれた「前」の例

限定されている。このため、ほとんどの日本人は変体仮名や草書体漢字を読む能力を有していない。正確な統計調査は存在しないが、現在くずし字で書かれた江戸時代以前の文献を解読できる人々の数は、日本人口の1%にも満たないと言われている。わずか150年程前に出版された自国語の書物を、ほとんどの日本人は解読できなくなっているのである。飯倉教授のアプリ開発の主目的は、日本国外の研究者にとって容易に入手可能な学習用リソースを提供することであったが、上記の状況もふまえ、日本国内の「くずし字」リテラシー向上に寄与することも意図されていた。

　さてこのアプリは2015年夏頃から大阪大学にて開発が始まり、およそ半年間の開発期間を経て2016年2月に「くずし字学習支援アプリKuLA」というタイトルで公開された。KuLAは完全な初学者でもくずし字解読の基礎的知識とスキルを習得できるようにデザインされており、それぞれ「まなぶ」、「よむ」、「つながる」と題された3つのモジュールで構成されている。

　「まなぶ」モジュールでは、大阪大学のチームが江戸時代の実際の木版本か

ら収集した3,000枚の用例画像を用いて、変体仮名や草書体漢字の字形を学習することができる(図2)。字形を記憶したかどうか確認するためのテスト機能なども実装されている。「よむ」モジュールでは、絵双六や刀剣書など実際の資料を用いて、くずし字の読解訓練をおこなうことができる(図3)。「つながる」モジュールは、オンラインでKuLAの他ユーザーと交流するためのモジュールである。スマートフォンのカメラを使用して撮影した難読文字の画像をアップロードし、他のユーザーに読み方を尋ねるといった用途に利用できる。

　開発チームでは、KuLAの目標ダウンロード数を当初1万回に設定していたが、公開後KuLAは開発チームの予想を上回る人気を博し、1ヶ月も経たないうちに1万ダウンロードを達成した。その後もKuLAのダウンロード数

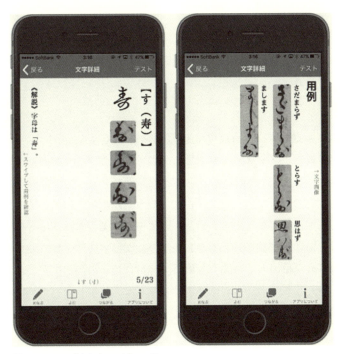

図2　KuLAの「まなぶ」モジュール

図3 KuLAの「よむ」モジュール

は伸び続け、2018年7月時点では11万回に達している。学術研究の成果として公開されたアプリケーションとしては、異例のダウンロード数である。

　KuLAの成功は、災害史料の市民参加型翻刻プロジェクトを構想する上で、非常に示唆的であった。それは、古文書や古典籍の解読に高い関心を寄せる人々が、日本社会に少なくとも数万人のオーダーで存在することを意味しているからである。翻刻システムをKuLAのような学習サービスとして公開すれば、数万人単位の人々の関心を集め、翻刻作業への参加を呼びかけることができるかもしれない。さらに、学習サービスの提供を通じて、参加者のくずし字解読能力を向上させ、高い精度で史料の翻刻が可能になるかもしれない。これは先述した文字解読の困難を解消することに繋がるはずである。

5 「みんなで翻刻」の開発

　KuLAの開発経験を礎にして、古地震研究会では2016年夏から災害史料の市民参加型翻刻プラットフォームである「みんなで翻刻」のシステム開発が始まった。開発は完全に内製化されており、筆者が設計と実装を担当し、定期的に筆者がおこなうデモに対して研究会メンバーがフィードバックを返す、という形で進行した。

　システム設計の基本方針となったのは、「翻刻と学習の一体化」であった。つまり、翻刻作業への参加を通じて、参加者がくずし字解読の訓練を受けられるようなシステムが目標とされた。このために「みんなで翻刻」は、翻刻作業の参加者がお互いの翻刻文を添削し、相互に知識とスキルを向上できるようにデザインされている。いわばクラウドソーシングの仕組みとソーシャルな学習の仕組みを統合したのである。

　以下では、実際のシステムのスクリーンショットを示しながら「みんなで翻刻」の諸機能について説明する。「みんなで翻刻」のWebサイト（https://honkoku.org/）自体は誰でもアクセス可能なので、実際にシステムを操作して体験して頂ければ幸いである。

　図4は「みんなで翻刻」のログイン後に表示されるホーム画面である。この画面は「タイムライン」とも呼ばれ、参加者が「みんなで翻刻」上で史料を翻刻した履歴が、リアルタイムで時系列順に反映されるようになっている。TwitterやFacebookなどのSNSではおなじみの機能である。このタイムラインを通じて、参加者はお互いの活動や翻刻文の内容を確認することができる。画面右にはプロジェクト全体の作業進捗状況や、これまでの入力文字数に応じたランキング表などが表示される。ランキング最上位にいる参加者の入力文字数は80万文字（！）を超えている。

　図5は、翻刻作業の対象となる災害史料のリストである。参加者はこのリストから翻刻する史料を自由に選択することができる。翻刻作業の進捗は史

図4 「みんなで翻刻」のホーム画面

料のサムネイルの下に示されるゲージで示されるようになっており、翻刻が完了した史料には「翻刻完了」と朱書されたスタンプが表示される。

　図6は、実際に史料の翻刻文を入力する編集画面である。参加者は画面右に設置されたビューワーで史料画像を確認しながら、左側のエディターに翻刻文を入力する。日本語の文献史料には振り仮名や割書き、また漢文の送り仮名や返り点など、さまざまな表記法が使用されているが、これらを入力するための特殊記法も用意されている。なお翻刻作業の進捗は、史料画像を単位として管理される。各史料画像には作業進捗を示す状態が付与されており、「未着手」→「着手済み」→「翻刻完了」という順で推移する。史料を構成するすべての画像が「翻刻完了」に推移したら、その史料の翻刻は完了したことになる。

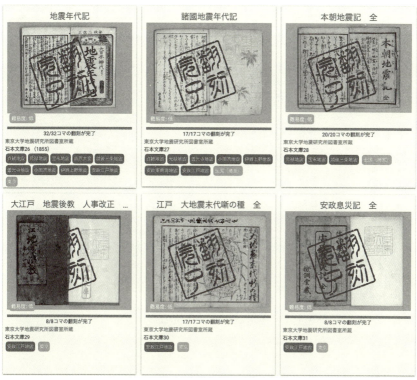

図5　翻刻対象史料のリスト

　図7は、翻刻文の保存時に表示されるダイアログである(セリフを喋っている虫のような生き物はマスコットキャラクターの「しみまる」)。このダイアログで翻刻文を保存すると、先述のタイムライン画面に作業履歴が投稿される。翻刻文の保存時には編集コメントを入力することができ、コメントを通じて他の参加者とコミュニケーションを取ることが可能である。さらに自分の翻刻文に自信が持てないときには、「添削希望」と書かれたチェックボックスを選択すると、上級者が優先的に翻刻文を添削してくれる。添削を受けた際には、修正箇所を色付きで示す差分表示機能を利用して、どの箇所が修正されたのかを容易に確認できるようになっている。このようにして、初学者でも他の参

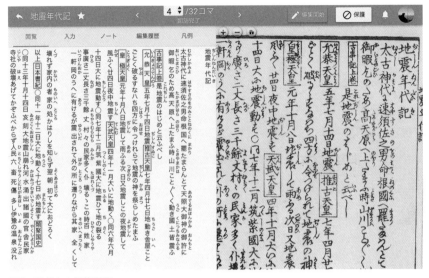

図6　翻刻文の編集画面

加者と交流しながらくずし字解読の訓練を積めるようになっている。

6　公開後の成果

「みんなで翻刻」のWebサイトは2017年1月10日に正式に公開された。システムの公開にあたって最初に翻刻対象として選定されたのは、東京大学地震研究所図書室が所蔵する「石本文庫」の収録史料114点である。石本文庫は地震研究所の第2代所長であった地震学者の石本巳四雄(1893-1940)によって収集された、近世の災害史料を中心とするコレクションである。現在は東京大学附属図書館と地震研究所図書室に収蔵されている。翻刻の対象である114点の史料は、このうち地震研図書室によってデジタル化され、同図書室のWebサイト公開されていたものである。石本文庫の収録史料の大部分は江戸時代に流通したもので、一部には明治時代に刊行された活字資料を含む。また収録史料には刊本と写本の両方が含まれており、絵図入りの史料も多数

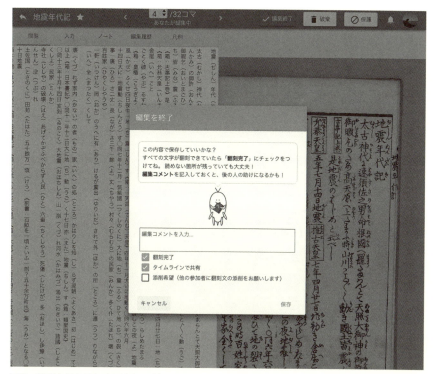

図7　翻刻文保存時に表示されるダイアログ

見られる。

　公開当初から「みんなで翻刻」上では、古地震研究会メンバーの予想を遥かに上回るペースで翻刻が進行した。公開2日後の1月11日には、1日で実に4万5,000文字が入力されている。その後も連日2万文字を超える翻刻文が入力され、当初目標にしていた石本文庫の翻刻は、公開から5ヶ月にも満たない5月30日に完了した。

　筆者らは石本文庫の全文翻刻には2、3年を要すると予想していたので、これはまったく意外な結果であった。翻刻する史料がなくなってしまったため、慌てて地震研が所蔵する石本文庫以外の史料を「みんなで翻刻」上に追加することになった。

2018年7月時点では、地震研が所蔵するデジタル化済みの和古書史料全472点の史料が「みんなで翻刻」上で公開されており、このうち469点の翻刻が完了している。入力文字数の合計は525万文字に達した。もし古地震研究会メンバーのみで翻刻にあたったとすれば、この分量を翻刻するのに少なく見積もっても10年は要しただろう。

7　翻刻文の品質

　「みんなで翻刻」では短期間のうちに膨大な分量の翻刻文が入力された。しかし、これらはすべてボランティア参加者によって入力されたものであり、研究者や学芸員など専門家によるチェックを受けていない。そこで参加者による翻刻がどの程度正確であるか測定するため、日本史研究者2名に協力を依頼し、およそ10万文字の翻刻文を点検した。その結果、参加者による翻刻文には、誤刻や表記揺れなどのエラーが100文字あたり1.5文字の割合で含まれていることが明らかになった。つまり、文字単位での翻刻文の正確性は98.5パーセントであった。

　これが学術出版される史料集であったならば、この品質には不合格点が付くことだろう。しかしながら、この程度のエラー率であれば、史料内容の解釈に大きな影響を与えることは考えにくい。また、史料内容の厳密な検討が必要となった際には、翻刻文とセットで公開される史料画像を参照し、翻刻文が正確かどうかを事前に検証すればよい。何より史料本文が電子テキスト化し、全文検索が可能になることは、史料からの情報抽出を効率化する大きなメリットである。こうした理由から、品質に改善の余地はあるものの、「みんなで翻刻」の翻刻文は十分に学術上の価値を認めうる成果物であると筆者は考えている。

8 参加者の声

　翻刻作業の参加者の中には、システムの公開後18ヶ月間に80万字を翻刻した猛者も含まれている。こうした熱心な活動はどのようなモチベーションに支えられているのだろうか。参加者の背景や参加理由を明らかにするため、2017年の3月から5月にかけ、「みんなで翻刻」参加者を対象にオンラインアンケートを実施した。期間中に得られた回答の件数は64件である。このアンケートでは、回答者が「みんなで翻刻」に参加する理由を、あらかじめ用意した12件の候補から3件を選ぶ複数選択形式で回答してもらった。もっとも多くの回答者に選択された参加理由は次の3件である(括弧内は選択した回答者の数を示す)。

1. 「翻刻作業そのものが面白い、楽しい」(45人)
2. 「他の参加者の翻刻や添削を通じて、くずし字解読を訓練できる」(32人)
3. 「翻刻作業を通じて、地震研究や防災研究に貢献できる」(28人)

　「地震・防災研究への貢献」よりも「翻刻作業そのものの楽しさ」や「参加者間の交流を通じた学習」が多くの選択を集めている点は非常に興味深い。この結果は、プロジェクトそのものの社会的意義よりも、参加者自身が作業に「楽しさ」や「学び」を見出せるか否かが、市民参加の実現にとって重要な要因であることを示唆するものではないだろうか。

　さらに各参加者の「みんなで翻刻」に対する評価についても、自由記述形式で回答してもらった。いくつか実際の回答を紹介したい。

　「一人でする翻刻は精度もどうしても上がらないし、何よりモチベーションを保つのが難しい。しかし本プロジェクトは一体感や協力して行っている感が得られ、楽しい。加えて、翻刻は発表できる場(場所・媒体…紙web問わず)

がほとんどないので、それらを共有する意味でも有意義だと感じた。」

（20代・翻刻文字数500文字）

　「やはり複数名でつつくのは勉強になります。自分が煮詰まってわからないところを解決してもらえますし、その逆に外の人がわからなかった部分を見るのも勉強になりますから。悪かったことは、熱中しすぎて外の趣味がおろそかになることでしょうか。」

（30代・翻刻文字数4万文字）

　「ちょうど近世古文書の解読学習を自学で始めていたタイミングでこの企画が始まったので実践的な訓練の場として活用させていただいている。解読できなかった文字や誤って解読した文字について添削してもらえることで、途中で嫌にならずに続けて取り組むことができる点もよいと思う。」

（30代・翻刻文字数1万文字）

　「変体仮名が前より読めるようになって良かった。翻刻した内容を添削してもらえて、読める漢字が増えて良かった。難易度が低い史料が多いので、文字の学習に適していて良かった。翻刻作業が楽しいので、多くの時間を使ってしまうのが悪かった。」

（40代・翻刻文字数1万5,000文字）

　こうした「他参加者との協力を通じた学び」を評価する意見は特に数が多く、36件得られた自由記述回答の半数を占めている。やはり「学び」は市民参加の強力なモチベーションとして機能すると言えそうである。

9　「ニコニコ生放送」での番組放映

　システム公開後急速に翻刻が進んだことの他に、もうひとつ古地震研究会にとって思いがけない出来事があった。「ニコニコ動画」の運営会社である株式会社ドワンゴから、「みんなで翻刻」をテーマにした生放送番組を放映しないか、という内容の申し出が舞い込んだのである。まったく経験のない領域であったが、「みんなで翻刻」の宣伝にもなるとも考え、ドワンゴからの申し出を受けることになった。

160 ─── 第2部　復興に向けて人々の声、地域の歴史を残す

この番組は『みんなで翻刻してみた』というタイトルで、2017年3月から月
1回のペースで放映された(図8)。プレゼンターとして古地震研究会メンバー
から筆者を含む4名が出演している。現在は不定期での放送になっているが、
番組の録画は「ニコニコ生放送」上で誰でも視聴できるようになっているので、
一度ご覧頂ければ幸いである5)。番組では「みんなで翻刻」を利用して史料を
翻刻しつつ、地震史料やくずし字解読についての解説を適宜加えている。非
常にニッチな内容の放送だが、第1回目の放送はリアルタイムで1万6000人
に視聴されており、番組終了時のアンケートでも好評を頂いた。「みんなで
翻刻」の「ユーザー参加型」の性質が、ニコニコ動画の特性にうまくマッチし
たのかもしれない。

　さらに「ニコニコ生放送」の番組放映がきっかけで、ドワンゴが毎年幕張
メッセを会場に開催する大規模イベント「ニコニコ超会議」にて、2017年度
と2018年度に古地震研究会のブースを出展する機会を頂いた。このブース
では「みんなで翻刻」にアクセスした状態のPCを複数台配置し、来場者にそ
の場で地震史料の翻刻に挑戦してもらった(図9)。ニコニコ超会議には多数
のコスプレイヤーが参加するが、古地震研究会ブースにもさまざまなキャラ
クターの衣装をまとった人々が来場した。イベントの雰囲気によるものかも
しれないが、多くの来場者は史料の翻刻を楽しんでいたようである。

10　プラットフォーム化にむけて

　2018年7月時点で、「みんなで翻刻」上で公開されている史料画像の99%の
翻刻が完了している。今後、古地震研究会では「みんなで翻刻」のシステムを
改造し、翻刻対象の史料をさらに拡張する予定である。やや技術的内容に踏
み込むことになるが、以下ではこの計画について述べよう。

　国立国会図書館や国文学研究資料館など、各地の文化学術機関が歴史資料
のデジタルアーカイブを公開しているが、現在の「みんなで翻刻」のシステム
は、東京大学地震研究所のデジタルアーカイブに特化した構成になっている。

図8　ニコニコ生放送での放映風景

図9　ニコニコ超会議のブースにて翻刻に挑戦する来場者

翻刻対象を拡張するには、まずこの制約を取り払わねばならない。その鍵となるのがIIIF（International Image Interoperability Framework）である。

　インターネットの普及が進んだ1990年代より、大学を含む世界中の文化学術機関によってデジタルアーカイブの公開が進められた。しかしながら、公開資料の書誌データや画像データの公開形式は統一されておらず、各機関

によってバラバラな方法で公開されていた。そのためデジタルアーカイブの公開データを二次利用するためには、現在の「みんなで翻刻」がそうしているように、個々のデジタルアーカイブのデータ公開形式に合わせてプログラムを開発せねばならなかった。しかしこれはデータの利用可能性を著しく狭めてしまう。

そこで2011年に英国国立図書館やスタンフォード大学、オックスフォード大学ボドリアン図書館といった諸機関が中心となって、デジタルアーカイブの画像データを公開・共有するための標準API(Application Programming Interface)群が策定された[6]。その総称がIIIFである。APIとは、システムやソフトウェアを別のプログラムから利用するための「窓口」となる機能群である。デジタルアーカイブ側が画像データを公開する際に同じAPIを提供していれば、これを利用する外部プログラムは、どのデジタルアーカイブからもまったく同じ方法でデータを取得することができる。

IIIFはデジタルアーカイブのデータ公開形式として世界的に拡がりつつあり、日本でも東京大学附属図書館、京都大学附属図書館、国立国会図書館、国文学研究資料館などがデジタルアーカイブの公開形式にIIIFを採用している。今後、採用機関はさらに増えていくことだろう。

現在開発が進められている拡張版「みんなで翻刻」は、このIIIF APIを通じて各地のデジタルアーカイブと連携するようになる。つまり、IIIFに対応していれば、どのデジタルアーカイブの資料でも「みんなで翻刻」への取り込みが可能になるということである。災害史料に限らず、江戸時代以前の歴史資料はデジタルアーカイブ化が急速に進展している。しかしこのうちテキストデータが附属している史料はごく僅かである。IIIFを介して「みんなで翻刻」に多数の史料が追加され、そのテキスト化が進めば、日本のデジタルアーカイブの利便性向上に大きく寄与する可能性がある。

この拡張版「みんなで翻刻」は、2019年中の公開を目指して現在開発が進められている。公開時には、ぜひ一度試用して頂きたい。

11　おわりに

　歴史資料に記述されたものごとを、私達はみずからの生活と関わりのない
遠い過去の話として受け止めがちである。しかし過去に暮らしていた人々も、
現代の我々と同様に、繰り返し発生する地震や火山噴火、風水害といった災
害に苦しめられてきたのであって、自然災害が多発する日本に住むかぎり今
後もそれは変わらない。古記録や古文書、絵図や版本に記された災害記録は、
私達にそのことを思い起こさせてくれる。

　日本には多数の災害記録が残されている。地方の旧家の蔵などには江戸期
以前の大量の文書が手付かずのまま眠っていることも多い。また過去に大き
な災害被害を被った地域には、後世にその危険を伝えるために建てられた石
碑も数多く残されている。これらは防災研究に寄与する可能性のある貴重な
歴史資料であり、理想的には適切にデジタル化した上で、誰しもアクセス可
能な状態に置かれることが望ましい。しかしながら予算も人員も寡少な研究
者や学芸員がこれらすべての作業を担当することは困難である。したがって、
市民との連携は、災害史料のデジタル化を進める上で欠かせない手段と言える。

　一方で、研究者から市民に一方的な協力を求めるだけでは、そこには搾取
的構造が生じてしまう。市民との連携を長期的に維持するためには、やはり
研究者と市民の双方が明確な利益を得られる仕組みが必要である。「みんな
で翻刻」の場合、それは「くずし字」の学習サービスを提供することであった。
この着想は、「くずし字学習支援アプリ KuLA」の開発を通じて得たものであ
る。これまでのところ、この仕組みは非常にうまく機能しているように見え
る。一般の歴史資料に対象を拡張した際に同様の結果が得られるかは、今後
の課題である。

　日本国内においても、市民参加を取り入れたデジタルアーカイブ・プロ
ジェクトが少しずつ増えつつある。2017年11月には、国立民族学博物館に
よって、「津波の記憶を刻む文化遺産 —— 寺社・石碑データベース」(http://
sekihi.minpaku.ac.jp/)が公開された。このデータベースは、地震や津波災害の記

憶を伝える各地の寺社や石碑についての情報を公開するものであるが、市民がデータベース構築に参加できる点に特徴がある。日本各地に点在する寺社や石碑の情報を、少数の研究者グループが網羅的に把握することは現実的に困難であるため、地域の市民の協力を募ることは理に適った戦略である。近い将来、「みんなで翻刻」のような市民参加型プロジェクトはきっと珍しいものではなくなるだろう。

注

1) SMART-GSについては、https://ja.osdn.net/projects/smart-gs/ を参照。

2) 永崎研宣・鈴木隆泰・下田正弘「大正新脩大蔵經テキストデータベース構築のためのコラボレーションシステムの開発」『情報処理学会研究報告人文科学とコンピュータ (CH)』2006

3) Jeff Howe. The Rise of Crowdsourcing. Wired, 2006. https://www.wired.com/2006/06/crowds/

4) 神谷智「「くずし字」教育と高等諸学校」『名古屋大学史紀要』**8**, 27-49, 2000

5) 過去の生放送は http://ch.nicovideo.jp/honkoku から視聴できる。

6) IIIFのAPIは https://iiif.io/ で公開されている。

第 **3** 部

未来のための
デジタルアーカイブ
―― 震災・災害情報の利活用

第7章

災害の非可逆性と
アーカイブの精神

デジタル台風・東日本大震災デジタルアーカイブ・
メモリーグラフの教訓

北本朝展

災害アーカイブとのかかわり

　筆者にとって、災害アーカイブの原体験は1993年7月13日にまでさかの
ぼる。この日、朝のテレビニュースを見ながら、筆者は茫然としていた。テ
レビには、北海道南西沖地震の津波とその後の火災で壊滅状態となった奥尻
島の漁村が映っていたからである。奥尻島とは北海道の日本海側に位置する
人口数千人程度の島であるが、実はその2年前、筆者はその奥尻島を旅行で
訪れたのだった。昼は自転車で島を一周し、温泉に入ったり海岸でウニを手
づかみしたり、奥尻島の自然を満喫した。夜は民宿で海の幸を味わい、同宿
者との会話もはずんだ。こうして滞在を楽しんだはずの漁村は、津波で破壊
され、炎上し、がれきで埋め尽くされていた。生き残った人々の証言による
と、津波は早いところでは地震発生からわずか数分で到達し、暗闇の中すぐ
に家を飛び出して高台に走って逃げないと助からない状況だったそうである。
もし筆者がその日に島に滞在していたら、ひょっとしたら助からなかったか
もしれない。そして、筆者をもてなしてくれた人々や、その生活を形作って
いた景観は、この世から永遠に失われたのではないか、という喪失感が筆者
の胸を締め付けた。

第7章　災害の非可逆性とアーカイブの精神｜北本 ──── 169

この地震の後、筆者は災害に関心を持つようになり、景観の脆弱性を意識
するようになった。自分が見ている景観は、いつ消えるかわからない、意外
と脆弱なものなのではないか。そして、一度消えた景観が二度と元に戻らな
いとするなら、災害が発生する前の日常の状態を写真に撮影して記録してお
かないと、その景観は永遠に失われてしまうのではないか。そう考えると、
現在の景観を写真で記録することがとてつもなく大事な行為のように思え、
筆者はその後しばらくの間、景観写真をやたらと撮影していた。現在から振
り返ると、この経験が筆者の災害アーカイブの原点と言えるように思う。

　その1年半後、今度は阪神・淡路大震災が発生した。1995年1月17日の朝
にテレビで見た映像も鮮明に覚えてはいるが、被災地域に縁が薄かった筆者
は、被災地外に伝わってくる情報を集めて読むという受動的な立場に終始し、
自ら能動的に行動を起こすことはなかった。北海道南西沖地震が景観写真の
撮影という能動的な行動に結びついたことと比較すると、個々の災害に対す
るアーカイブへの関心の強さは、客観的な災害の規模よりも主観的な災害の
衝撃が大きく影響すると言えるだろう。とはいえ、これを機に災害への関心
もさらに深まったことは確かであり、地震から2か月が経過した神戸や、普
賢岳の噴火から数年が経過した雲仙などの被災地を訪れながら、被災地の状
況を自分の記憶にとどめようとした。

　次に大きな出来事が相次いだのが2003年である。まず、この年の夏、筆
者は「デジタル台風」というウェブサイトを公開した[1), 2), 3)]（図1）。このウェ
ブサイトは台風に関連するあらゆるデータの統合と検索を目指すものであり、
最新データに関連した過去の状況が検索できるなど、最新データと過去デー
タをシームレスに検索できる点が独特だった。また気象衛星画像と台風経路
データ、アメダスデータなど、様々な種類のデータをシームレスに検索でき
る点も独特だった。いわば最新ニュースサイトと災害アーカイブを合体させ
たユニークなサービスとして予想外の人気を博し、ほどなく日本有数の台風
情報サイトとして多くの利用者を集めるようになった。そして「デジタル台
風」で成功した「シームレスな災害アーカイブ」というコンセプトは、その後

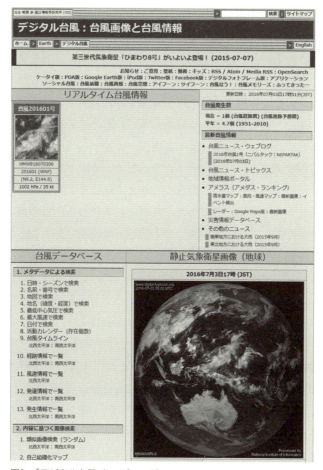

図1 「デジタル台風」トップページ

に筆者が構築する災害アーカイブのデザインにおける中心的なコンセプトとなった。

　2003年のもう一つの大きな出来事が、2003年12月26日に発生したイラン・バム地震である。このとき偶然にも、筆者らが進めていた「ディジタル・シルクロード」プロジェクトのメンバーに、かつてバム遺跡の修復に従

事したイラン人の大学院生(エルハム・アンダルーディ氏)がいた。かつての同僚たちが死亡・行方不明・負傷したことに対するショックに加え、これまで長年修復してきた遺跡が一瞬で全面的に崩壊してしまったことを嘆き悲しむ彼女を見て、筆者はその場でバム遺跡アーカイブの構築を提案した。その時に念頭にあったのが、阪神・淡路大震災に関する資料のアーカイブ活動とウェブサイトを用いた情報提供活動である。筆者は確かに阪神・淡路大震災では傍観者だったが、ウェブ技術による災害アーカイブの可能性については、注目しつつ情報収集していたのである。そのため、イラン・バム地震の発生によってある種の当事者となった時点で、ウェブ技術による災害アーカイブを今こそ自分たちで立ち上げるべきだと直感したのである。日本は現地から遠いことは確かだが、イランの現地に深く関わった人物だからこそ、遺跡の危機的な状況を伝えるだけでなく、地震前の資料をアーカイブすることの価値を世界に呼びかけることもできる。たとえ被災地から離れた場所にいても、いや離れているからこそ、発信できるメッセージがあるのではないか。

　アーカイブの大まかな設計を決めた筆者は突貫作業でウェブサイトを構築し、地震から5日後の12月31日に、イラン・バム遺跡のウェブサイト「イラン・バムの城塞」を公開した[4),5),6)](図2)。そして地震前の写真データの提供を呼び掛けたところ、バムをかつて訪れた方々からの強い思いを込めた反応があり、世界中から数百点の写真データ(映像データを含む)を集めることができた。さらに、地震前に作成した遺跡図面や地震前に取得した航空写真や標高データなども統合し、数年間の地道な作業を経て、バム遺跡を仮想的に復元した3次元モデルを構築した[7)]。このように、災害発生直後から素早くアーカイブを立ち上げ、そこを拠点に情報提供や支援を呼びかけ、最終的に遺跡の仮想復元につなげていく方法を学ぶことができた。

　こうした経験を重ねた状態で迎えたのが、2011年3月11日の東日本大震災だった。筆者は学会参加中に地震に遭遇したため、その日は帰宅困難者となって何もできなかったが、翌日朝に帰宅するとすぐに地震関連データのアーカイブに着手した。このとき、筆者は被災者としてではなく、広義の災

図2 「イラン・バムの城塞」トップページ

害情報を扱う研究者としての当事者性を感じていた。その立場で何ができるだろうか？ 被災地と直接的な関係性がないという立場を踏まえると、被災地の復旧や復興に直接貢献できるデータやツールを作ることは難しい。一方、災害に関連する情報を幅広く扱ってきたという専門性を踏まえると、災害全体の俯瞰的な状況認識に貢献するデータやツールの構築という面では貢献できるはずである。さらに重要なのが、自分が貢献できる範囲の見極めである。これまで災害アーカイブを構築してきた経験を踏まえると、自分に何らかの専門性や個人的な興味がなければ、一時的に何かを立ち上げられたとしても、

長期的に持続可能なアーカイブを構築することは難しい。自分の強みを活かせる領域は何かを見極めつつ、あまり手を広げすぎないことが重要である。こうした判断を素早く下し、最低限の作業を行い、公開したのが「東日本大震災デジタルアーカイブ」である[8],[9],[10]。

　全速力でアーカイブを立ち上げたとはいえ、災害発生直後の短期で見れば、残念ながら筆者が貢献できたことは小さかった。このような短期、すなわち数時間や数日単位では、新しいシステムを一から立ち上げるのは現実的ではなく、むしろ既存のシステムをいかに素早く転用できるかが鍵を握ることになる。例えば、東日本大震災で有効だったソリューションとして、車両の走行情報を記録するプローブデータを転用した「通れた道マップ」や、画像共有と共同作業のプラットフォームを避難者情報の入力と共有に転用した「Google Person Finder」関連の活動などの事例が有名である。これらの成功事例に共通するのは、災害前に構築されていたシステムを、災害時に創造的かつ即興的に転用している点にある。筆者の場合も同様に、災害直後に運用を開始できたデータやツールは、ほぼすべてが「デジタル台風」の機能の転用であった。このような経験を踏まえると、災害の直後から有効に使えるアーカイブとは、平常時に構築されたシステムを素早く転用する以外にないのではないかと思える。逆に災害直後に新たにシステムを構築しようとしても間に合わないというのが、東日本大震災から得た教訓である。

　とはいえ、こうした転用には問題点もある。短期的にその場しのぎで構築された災害アーカイブは長期的な保存と利用を視野に入れていないため、いずれ人的・資金的・組織的な持続性の問題に直面する。東日本大震災の後に構築された各地の災害アーカイブのいくつかがすでに運用を中止しているのも、こうした長期的な視点の欠如が原因の一つであろう。災害直後の高揚した時期に多くの人々が熱心に貢献した成果を、次の災害にどうやって活かせるのか。日常から災害を経てまた日常へ。長期的な時間軸を踏まえた貢献のあり方を考えることが、研究者の重要な役割であろう。

174　————　第3部　未来のためのデジタルアーカイブ

日常から始まる災害アーカイブ

　このように災害アーカイブに関する取り組みを続ける一方で、筆者は文化遺産のアーカイブにも関わってきた。災害アーカイブと文化遺産のアーカイブの違いは何だろうと考えてみると、一つ思い当たるのが空間・時間との結合の強さの違いである。災害とは、空間と時間が限定されたイベント(事象)である。すなわち、ある地域が日常から非日常に遷移し、再び日常に戻っていく時間の流れの一部を、地域に与えるインパクト(重大性)を基準として切り取ったものである。時間と空間の切り取り方次第で、災害アーカイブの対象も定まってくる。市区町村で切り取ればローカルなアーカイブになり、もっと広い範囲で切り取ればグローバルなアーカイブになるだろう。また災害直後のみという短期的な時間軸で切り取る場合もあれば、被災から復興までという長期的な時間軸で切り取る場合もある。このような空間と時間との結合は、作品の時代性やサイトスペシフィックな成り立ちなどに注目した文化遺産のアーカイブにも見られることはあるが、災害アーカイブでは空間と時間を切り離せないという意味で、より本質的な役割を果たしていると考えられる。

　例えば時間に着目してみよう。災害アーカイブの特徴的な情報表現の一つに、ビフォー・アフター比較がある。これは、災害前(あるいは災害直後)と災害後の景観を同一地点から撮影して比較することで、災害が引き起こした変化のインパクトをビジュアルに見せる情報表現であり、空間軸を固定した上で時間軸上の変化を見せる点に特徴がある。ここで必要となるのが災害前のデータである。災害そのもののインパクトを一目で把握するには、災害前と災害後の景観を直接比較する方法が有効だからである。

　筆者は、東日本大震災から約半年後の2011年8月に東北地方の津波被災地を訪れたが、そこで強く印象に残ったのが津々浦々の平地に広がる「草原」である。そこには人々が暮らす生活空間が存在していたはずだが、津波がすべてを流し去り、そのがれきを撤去した後、そこは一面に草が広がる草原と

図3　東日本大震災約半年後の被災地に広がる「草原」（撮影：北本朝展、撮影地：福島県新地町）

なった。そしてぽつぽつと残るかつての生活空間の「遺構」や「遺物」が、かつての人々の暮らしをかろうじて伝える証拠となっていた。図3は、筆者が福島県新地町で2011年8月に撮影した写真である。左側に立つのは常磐線の踏切の柱であり、ここから左に曲がると近くに常磐線の駅があった。そんな駅の近くがこんな草原だったはずはない、というところまではわかったが、災害前の景観を具体的に想像することは難しかった。災害のインパクトを実感するには、現在の景観の上に災害前の景観を重ね、前後の変化を比較する手段が必要ではないかと筆者は感じた。

　しかし、被災地を訪れて災害前の景観を知りたいと思っても、災害が起こってから過去に遡及することは残念ながらできない。災害アーカイブの根本的な制約は、過去に遡れないという時間の非可逆性にある。この非可逆性を克服するには、逆説的ではあるが、災害が発生する前から災害アーカイブの構築を開始する必要がある。この点では、Googleストリートビューが津

波被災地における災害前の網羅的な景観記録となったことは、現代のビッグデータ時代における特筆すべき事例と言える。Googleストリートビューは災害アーカイブを目的としたシステムではないが、そこにたまたま記録されていたデータが災害前の景観を知る貴重な記録になったことは、日常のためのデータ・ツールの転用が災害アーカイブに有効であることを示すよい事例でもある。しかしこのような網羅的な記録が残っていない場合は、各地にたまたま残っている写真や映像、その他の記録を収集して災害前の景観を復元するしかない。こうした記録を収集する方法として、従来は現地の活動と連携する方法が主流だったが、現在はネット経由で収集する活動も一般的となった。イラン・バム遺跡に関するプロジェクトでは、ネット経由で全世界の有志から提供を受けた数百枚の写真（図4）が復元に役立ち、東日本大震災の直後にも、同様の写真収集のプロジェクトが複数立ち上がった。

図4　イラン・バム地震の後に全世界の有志から提供を受けた写真コレクションの一部。

ただし、こうして集めた雑多な記録にどんな側面が記録されているかは、一般の史料と同様に運次第という面もあるため、計画的な記録に比べると欲しい情報が見つからない可能性も高い。しかしそこで悔やんでも時既に遅しである。災害アーカイブにおける時間の非可逆性という制約を乗り越えるには、景観の脆弱性、あるいは社会の脆弱性に覚える不安などを出発点とし、日常から未来を意識した記録を集めていくことが大事になる。

　そこで思い出すのが、「災害は社会の脆弱性をあらわにする」という言葉である。災害によって新たに発生したと思われている問題の中には、実は災害前から社会やコミュニティに内在していた問題が顕在化した場合が多いというのである。そして災害が顕在化した問題は、災害を契機にコミュニティが変わらなければ、戻ってきた日常において再び潜在化し、コミュニティの問題として残り続けることになる。このように、災害は連綿と続くコミュニティにおける歴史の一コマに過ぎないとも言えるが、同時にコミュニティの歴史を分断するほどの大きなインパクトを与えるイベントでもある。

　災害イベントの前後で変わるものを可変項、変わらないものを不変項とするなら、可変項と不変項の共存という両面性を意識しながらコミュニティの歴史を可視化していくことが、災害アーカイブの役割であると言えるだろう。その意味で、災害アーカイブをコミュニティの歴史を分断する一大イベントの記録とみなす考え方だけでは不十分であり、日常から非日常を経て再び日常に戻る長期間の記録をアーカイブすることも考えた方がよい。

アーカイブ精神

　このように日常から始まるアーカイブ活動を支える考え方として、筆者は「アーカイブ精神」という言葉を提唱したい。これは、日本の気象学の開拓者の一人であり中央気象台長(現在の気象庁長官に相当)としても活躍した岡田武松が唱えた「観測精神(測候精神)」に触発されたものである。柳田国男『空白の天気図』には以下のような一節がある[11]。

観測精神とは、あくまで科学者の精神である。自然現象は二度と繰り返
されない。観測とは自然現象を正確に記録することである。同じことが
二度と起こらない自然現象を欠測してはいけない。それではデータの価
値が激減するからである。まして記録をごまかしたり、好い加減な記録
をとったりすることは、科学者として失格である。

　気象データを連続的に記録し続けないと、記録の価値は激減することを岡
田は強調した。こうした言葉は気象観測を行う人々に深く刻み込まれており、
暴風が吹く日も大雪が降る日も、あるいは第二次大戦(太平洋戦争)終戦の玉
音放送の時にも、気象観測は途切れずに続いてきた。同様の精神に基づき明
治25年(1892)に極寒の富士山頂で気象データの連続観測に命をかけた野中
到の物語については、新田次郎『芙蓉の人』に詳しい[12]。さらに筆者も、科
学的な記録を長期連続アーカイブすることの価値を示すため、「デジタル台
風：100年天気図データベース」(図5)を公開している[13]。これらは、気象を
より正確に予測して社会に役立てるためにデータの連続的な観測を続けると
いう、気象人の観測精神に基づく貴重な記録であると言える。

　さらに観測精神が世界を変えた例として、ハワイにおける大気中の二酸化
炭素濃度の連続観測の事例を取り上げたい[14]。1957年、チャールズ・デイ
ヴィッド・キーリングは大気中の二酸化炭素濃度を最高の正確さで測定でき
る機械をハワイ島のマウナロア山頂に設置した。そこは大陸から隔絶された
場所で、データが乱されることが少ないと考えられたからである。高精度の
観測技術のおかげで、大気中の二酸化炭素濃度が上昇していることは1年間
の観測でもある程度は見えてきた。しかし当時はこの結果の重大性があまり
理解されておらず、研究資金が底をついて観測が中止されたこともあった。
しかしキーリングは幾度もの危機を乗り越えて粘り強く観測を続け、二酸化
炭素が増加していることを示す決定的な科学的証拠を積み重ねていった。そ
して二酸化炭素の増加を示すデータはやがて地球温暖化を象徴するグラフ
(図6)となり、気候変動への認識が世界の環境政策を根本的に変えることに

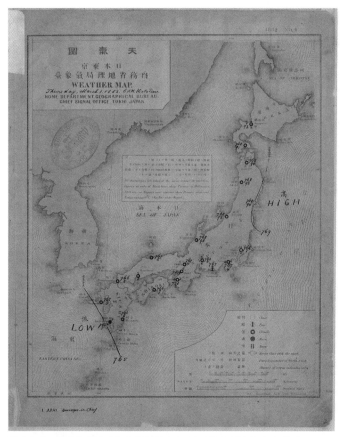

図5:日本で最初に配布された天気図。1883年3月1日(出典:気象庁、加工・公開:「デジタル台風:100年天気図データベース」)

つながった。

　このように、日常のデータを連続的に積み重ねることで世界を変えた事例の裏には、気象人や科学者の観測精神、すなわち観測を途切れさせまいと努力した人々の精神が潜んでいる。一見すると無味乾燥な科学データのアーカイブは、実はそれを支えた人々の「観測精神のアーカイブ」にもなっているのである。このことを一般化して考えてみると、一般のアーカイブにも似たよ

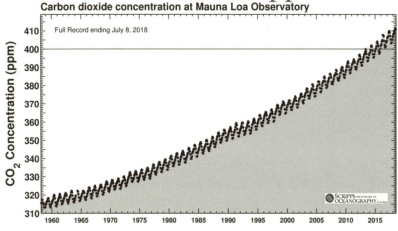

図6　The Keeling Curve(Full Record). Credit: Scripps Institution of Oceanography.

うな性質があるのではないだろうか。コレクションを構築するために収集を続ける精神、日記に日々の出来事を記録し続ける精神、世界各地の風景を撮影し続ける精神など、いずれも「データの価値が激減」しないように日常の行動を律するという「アーカイブ精神」を内面化した行動とも言えるのではないか。世界各地のストリートを撮影し続けるGoogle社も、アーカイブ精神を有する組織と言えるかもしれない。

　そこで以下では、筆者が関わってきた災害アーカイブのいくつかを紹介しながら、こうしたアーカイブ精神が実際の災害アーカイブにどのように反映しているかを見ていきたい。

事例1：デジタル台風

　デジタル台風とは、台風に関連するあらゆるデータを収集・統合し、シームレスにアクセス可能とするデータベースを構築する、台風ビッグデータの

統合解析プロジェクトである。このプロジェクトの特徴は、各種データの網羅的な収集にある。1978年以来の気象衛星「ひまわり」画像データ、1976年以来のアメダスデータなど、気象観測に関する長期連続データに加え、1883年以来の天気図データといった気象関連データや、2003年以来のYahoo!ニュース記事データといったテキストデータなど、多種多様なデータの網羅的な収集を続けている。さらに、それらを用いた分析を促進するため、時間や場所などを基準にデータを相互リンクすることにより、台風という現象を多角的に分析するための機能を提供する。このようなユニークな特徴は多くの利用者に支持されており、「デジタル台風」ウェブサイト(図1)の利用状況は2000万ページビュー／年を超える規模に達している。利用者層も多岐にわたっており、気象学研究者や気象専門家(気象予報士等)に限らず、業務の上で台風情報を必要とする人々(農家、漁師、マリンスポーツ、イベント担当等)、あるいは気象を趣味とする人々なども含んでいる。

　デジタル台風とその他の気象情報サイト(例えば気象庁など)との違いは、利用可能なデータをすべてアーカイブし、オンラインでアクセス可能としている点にある。例えば気象衛星「ひまわり」画像データのアーカイブは1978年12月にまでさかのぼるが、これはインターネット上の公開データとしては日本国内で(おそらく世界でも)最長のものである。

　このように網羅的なアーカイブを構築するというアプローチは、アーカイブしてから欲しいデータを選別する、というビッグデータ時代のアプローチに基づくものであり、重要と思われるデータを選別してからアーカイブする、という従来のアプローチとは逆である。従来のように何らかの基準で重要なデータを先に選別する方法は、選別の基準が恣意的で多様な要求に応えられないという欠点がある。例えば、大規模災害のデータだけをアーカイブする場合、絶対的な規模は小さくてもある地域におけるインパクトが大きい災害が、アーカイブ対象から漏れてしまうという問題が生じる。ビッグデータ時代のアーカイブは、まずすべてをアーカイブしてから、検索などの技術を駆使して必要なデータを選別するアプローチを用いるべきである。この考え方は、デー

タの欠損が価値を激減させるという「観測精神」とも整合するものである。

さらに、データを網羅的に統合して提供するシームレスなアーカイブは、アーカイブの活用可能性の拡大にも有効である。例えば、シームレスな時間軸上で最新データと過去データを一体的に扱えば、最新データを「時間軸の最先端に位置する最新の過去データ」とみなし、最新データと類似した過去データを検索するといった新機能が実現しやすくなる。また観測データとその他のデータをシームレスにリンクすることで、データの種類やテーマを越えてデータ空間を行き来できるようになる。さらに日常と災害をシームレスに接続することで、災害アーカイブを歴史という文脈の中に位置づけられるようになる。

事例2: 東日本大震災デジタルアーカイブ

2011年3月11日から取り組み始めた「東日本大震災デジタルアーカイブ」では、以下の5つのテーマを中心に、震災から8年が経った今もアーカイブの構築を継続している。

(1)　気象データアーカイブと福島第一原発風向・風速情報[15]

(2)　福島県を中心とした放射線量分布情報と全国の原子力関連施設関連情報[16]

(3)　東日本大震災に関連するマスメディアニュース記事アーカイブ[17]

(4)　電力データアーカイブと発電所データベース(エレクトリカル・ジャパン)[18]

(5)　クライシス・メディア・プロジェクト(東日本大震災ビッグデータワークショップ)[19]

本稿では(3)のプロジェクトを中心にその内容を紹介する。具体的にはYahoo! ニュースから収集した震災関連ニュースのアーカイブである。Yahoo! ニュースは日本におけるニュースポータルとしては最大の規模であ

り、ニュース記事のフォーマットが数種類に定型化されているため、テキスト分析がしやすいという利点がある。そこでYahoo!ニュースに定期的にアクセスし、一定のキーワード検索で取得できるニュース記事を収集し、東日本大震災に関連するマスメディアニュース記事アーカイブを構築した。

　ここではキーワードの設定が重要となるが、「地震」「震災」「津波」「原発」「原子力発電所」「東電」「東京電力」などをキーワードに設定し、これを変更せずに使い続けることで、長期的に連続したニュース記事アーカイブを構築した。2019年4月時点で収集した記事数は60万件を超えている。デジタル台風で2003年から構築を進めてきたニュース収集システムを転用したため、震災翌日の2011年3月12日に早くもこのシステムを稼働させることができた。しかし台風と地震では規模も性質も異なるため転用には試行錯誤が必要であり、初期にはキーワード設定の判断ミスにより原発事故に関するニュースの収集を一部漏らすなど、アーカイブとしては不完全となってしまった点がいくつもある。非常時に試行錯誤なしに最適な選択を行うことは不可能なため、こうした状況を想定した訓練や経験は日常から積んでおく方がよいというのが教訓である。

　さて8年間にわたる長期連続的なニュース記事アーカイブをどう活用できるだろうか。60万件を超えるニュース記事を1件ずつ人間が読んでいくことは困難なため、機械による分類・選択・要約などを用いて情報を圧縮し、人間が把握しやすい分量で表現する必要がある。一つの方法はグラフ化である。日ごとのニュース記事件数の時系列をグラフ化してみると、毎年3月11日に記事件数が急増することから、周年日におけるマスメディア報道は今も続いていることがわかる。またキーワードごとの記事件数の長期変動をグラフ化すると、いつどんな事件が話題になったかを振り返ることができる。一方、話題の時間的な流れを要約する方法として、日ごとの重要単語を統計的に抽出しリスト化した。具体的には、ニュース記事のテキストを形態素解析で単語に分割し、単語の重要度を計算するために情報検索でよく用いられるtf-idf(term frequency – inverse document frequency)に類似した手法を活用し、「ある日

によく出現するが、他の日にはあまり出現しない単語」を重要単語として選び出す。このように日ごとに重要単語を選び出して時系列的に表示する方法は、時間軸に日々の出来事を紐づける「年表」という情報表現の一例とみなすことができる。

　非日常から日常へと戻る過程の中で起こった様々な出来事や変化を把握しやすくすることが、年表という情報表現の役割である。これは災害アーカイブにおける基本的な情報表現であることから、これを様々な用途に一般化することは災害アーカイブの研究課題ともなる。そこで筆者は年表を2つの方向に一般化することにした。

　第一が「311メモリーズ──回想のための静かに動く年表」[20]（図7）である。このシステムは上述の日々の重要単語リストを、受動的な情報視聴ができる「プッシュ型」の年表として作り替えたものである。時間軸を自動再生しつつ、重要単語をランダムに拡大表示することで、災害に関する意外な切り口に出会うというセレンディピティの効果を生むようにした。通常の年表は利用者に対して能動的な情報探索を要求する「プル型」のインタフェースのため、情

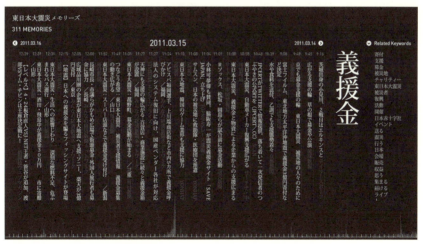

図7　「311メモリーズ」の検索画面

報空間に没入して時間の流れを振り返る回想モードに入ることが難しい。そこで受動的な情報視聴を基本とするプッシュ型から始め、必要に応じて能動的な情報探索を基本とするプル型にスイッチ可能な、動的なインタフェースとして年表をデザインした。このような新しいタイプの年表である「311メモリーズ」は、メディアアート作品としても高く評価された[21]。

　第二が「311リライブ――再体験のためのタイムシフト型年表」[22]（図8）である。このシステムは、東北地方太平洋沖地震発生時刻以降の地震の震源とマグニチュード、ニュース記事のタイトル、毎秒のツイート数という3種類のデータを共通の時間軸にマッピングして自動再生することにより、地震後の時間の流れを再体験できるタイムシフト型の年表である。自動再生スピードは通常は30倍速であるが、東日本大震災周年日の3月11日から数日間は実時間で再生することで、災害時の時間感覚をタイムシフトして再体験できるようにしている。東日本大震災の周年日には毎年この年表を見る人もおり、

図8　「311リライブ」の表示画面

再体験に適した年表は災害の振り返りにも一定の効果を発揮している。

　時間軸の表現を追究する年表には様々な可能性が潜んでいる。「311メモリーズ」や「311リライブ」では均等に時間が進んでいく線形な時間軸表現を用いたが、これには時間軸が間延びするという欠点がある。一般の年表では、災害直後は時間軸を拡大して出来事を詳細に記載しつつ、復興過程では次第に時間軸を圧縮するという、非線形な時間軸表現を用いることが多い。とはいえ、どんなイベントが重要かは地域・個人ごとに異なるため、究極的にはパーソナライズされた年表が必要となる。コミュニティの社会的記憶に対応した共有年表や、個人の記憶に対応した個人年表などを災害アーカイブから自動生成できれば、災害を回想したり再体験したりするための強力なツールとなろう。

事例3：メモリーグラフ

　これまで繰り返し述べてきたように、本稿の問題意識は日常と災害との連続性である。最後にこの問題意識が最も強く反映しているプロジェクトとして「メモリーグラフ」[23), 24)]を紹介する。メモリーグラフとは、フォトグラフ（photograph）の拡張としての「記憶を重ねる新しい写真術」であるメモリーグラフ（memorygraph）を実現するモバイルアプリである。

　その基本的なアイデアは、カメラのファインダーの積極的な活用にある。従来のカメラではファインダーとは透明であるべきものであり、せいぜいグリッドを表示して構図のガイドとする程度であった。それに対してメモリーグラフはファインダーを半透明な存在に変え、そこに「次に撮影すべき写真」をガイドとして表示する。そしてファインダーの向こう側の景観と重ね合わせ、ガイドと同じ構図になるように調整しながら写真を撮影する。これは制約が大きい写真術ではあるが、この制約が実は多くの面白い用途を生み出す点がメモリーグラフの醍醐味である。

　メモリーグラフの元々の目的は、古写真の撮影位置推定である。古写真の

撮影位置に関する情報は、古写真を適切に解釈するために重要な情報である。しかしGPSが存在しない時代の写真にはもちろん緯度経度情報はついておらず、曖昧な地名がキャプションに書いてあればまだしも、ほとんど手がかりがない写真も数多い。このような場合に撮影位置を推定する一つの方法に、現代でも同一構図の写真が撮影可能な位置を特定するという方法がある。同一の景観が偶然の一致で撮影できる可能性は低いため、同一構図の写真が撮影可能であるというエビデンスが、撮影位置の特定につながるのである。

　従来型のカメラでも、ファインダー中の景観と古写真とを視線を往復させながら比較しつつ、同一ポジション(同ポジ)写真を撮影する方法が使われてきた。しかしこの方法では、古写真の空間的な構図を記憶する短期記憶のスキルだけでなく、古写真の2次元配置と現在景観の3次元配置(の2次元投影)を脳内で回転させながら一致させるというメンタルローテーション[25]のスキルも同時に要求されるため、写真を精度よく一致させることが難しすぎるという欠点があった。一方、メモリーグラフでは、古写真をファインダーに半透明で表示するため、短期記憶は不要、メンタルローテーションの難易度も低下するという効果が得られ、従来法よりもはるかに高精度の重ね合わせを短時間で行えるようになった。このようなシンプルなアイデアが実現可能となったきっかけは、ファインダーをプログラマブルに書き換え可能なスマートフォンの登場である。スマートフォンではカメラもアプリの一つとなったため、カメラ機能を独自に改造し、ファインダーに重畳表示する写真を自由に差し替えることも可能となった。

　このアプリから得られるデータには2通りの活用方法がある。第一が撮影位置に関する測位データの活用を目的とするものであり、元々の目的である古写真の撮影位置推定だけでなく、フォトオリエンテーリング(フォトログインニング)やポップカルチャーを対象とした聖地巡礼などの観光目的にも有用である。第二が同一構図かつ時間が異なる写真群、すなわち定点観測写真(タイムラプス)の活用を目的とするものである。例えば地域の古写真をファインダーに差し込み、様々な場所の景観変化を定性的または定量的に把握する

フィールドワークを通して、これからのまちづくりを議論する活動も始まっている[26]。またファインダーに災害直後の写真を差し込み、ビフォー・アフター比較写真や定点観測写真などを撮影する行為を通して、災害からの復興を可視化する活動もある。実際に現地に行かないとメモリーグラフが撮影できないことを「制約」と捉える考え方もあろうが、むしろその制約こそがフィールドワークを行う動機にもなる点は強調しておきたい。そこで以下では、メモリーグラフを災害アーカイブに適用した事例を紹介する。

まず、2004年12月26日に発生したインド洋大津波で壊滅的な被害が発生したインドネシア・アチェにおいて、京都大学東南アジア地域研究研究所の西芳美氏と山本博之氏を中心とした災害対応プロジェクトの一環として、津波被災直後の写真と現在の景観とを比較するフィールドワークを行った[27]。まずアチェにおける被災直後の写真を地図にマップした。次にアチェの人々がその場所を訪問し、被災写真と同じ構図で現在の景観を撮影した。そして両者を比較することで、津波から10年が経った現時点の復興状況を改めて認識した(図9)。アプリの使い方はインドネシアの人々もすぐに覚えることができ、現地の人々が撮影した写真をいくつもの地点で収集することができた。その成果はウェブサイトでも公開しており、誰でも閲覧できるようになっている。

一方、阪神・淡路大震災から20年を機に神戸市が公開したオープンデータ『阪神・淡路大震災「1.17の記録」』[28]を利用して、神戸でも被災直後の写真と現在の景観とを比較するフィールドワークを行った。1回目はインドネシア・アチェから訪問した学生を、関西の高校生が案内して被災地を巡るという形式で行い[29]、2回目は関西のオープンデータコミュニティの協力を得て、有志の参加者とともに被災地を巡るという形式で行った[30]。震災から既に20年が経過しているため、景観が完全に変わってしまい被災直後の痕跡を発見することが難しい場所もあった。しかし景観の細部をよくよく見てみると、地元の人々の思いもあって地震前の痕跡が再現されている場所もあることに気づく(図10)。メモリーグラフが優れているのは、能動的に構図

図9 インドネシア・アチェにおける被災直後と10年後の景観を比較したビフォー・アフター写真「発電船」

を一致させる行動が要求されるため、その過程で景観の細部への注意力が高まるだけでなく、景観における不変項に対する気づきが深まる点にある。

そして景観に関するより深い理解が要求される活動を繰り返しているうちに、景観に対する新しい思考法が芽生えてくる点が、メモリーグラフの面白いところである。メモリーグラフをうまく使うコツは、景観において何が可変で何が不変かを考えつつ、適切な時間スケールに対応する可変項と不変項を見出すところにある。このとき、大きな建造物の不変性が高いとは必ずしも言えず、むしろ小さな石碑の方が大きな建造物よりも長生きすることもある。また遠くに見える山並みは不変である可能性が高いため、自然が形成した地形は信頼できる不変項となる場合が多い。地形を読む能力を問うテレビ番組にNHKの『ブラタモリ』があるが、「メモリーグラフ」も同様に景観を読む能力を問うアプリである。

このように景観を読む能力を鍛え始めると、過去から現在、未来にわたる景観の変化を考える「景観思考」が身についてくる。この思考法は特に、現在から未来に向けた定点観測写真アーカイブを開始するときに大事となる。定点観測写真とは、未来に起こる景観の変化を予測しつつ、現在から記録を開始するものである。ではどこを定点観測すると面白いのだろうか。メモリーグラフは任意地点の定点観測写真を可能とするため、逆に変化し続ける景観のどこを切り取ることに価値があるか、という新たな問いが生まれてくる。

短期的な景観変化として最もわかりやすいのが植物である。目の前に一本の落葉樹があれば、やがて花が咲き、新しい葉が出てきて、秋には葉が散るというライフサイクルを想像できるだろう。さらに数十年前の写真と現在を比較すれば、小さかった木が大きく成長した姿から時間の流れを可視化することもできる。もう少し長期的な視点では、人工的な建造物も実は常に変化していることに気づく。目の前にボロボロのビルがあれば、やがて壊され、新しいビルが建ち、新しい生活が始まるというライフサイクルを想像できるだろう。こうしたライフサイクルを念頭に置き、未来の景観を想像しながら現在の景観を記録していくという考え方は、従来の写真術にはなかった新し

図10　神戸における被災直後と20年後の景観を比較したビフォー・アフター写真「阪急会館前」(上段出典:『阪神・淡路大震災「1.17の記録」』)

い思考法と言える。

　そしてこうした景観思考の究極に災害がある。目の前にある景観は、災害によってどのような被害を受け、どのように復興するか、そのライフサイクルを想像できるだろうか。災害列島の日本では、残念ながらどの場所もいつかの時点で災害による大きな景観変化を強制される可能性がある。冒頭で述べた北海道南西沖地震の後に筆者が痛感したように、いま見ている景観は、ある日突然に消えてしまう脆弱なものかもしれないのである。自分の身の回りに起きる、災害による破壊的な景観変化という非可逆性の壁を乗り越えるために、災害前から記録を始めておくこと。これが日常から始まる災害アーカイブの姿であり、それを支えるのがアーカイブ精神であろう。日常の何気ない記録である一枚のスナップ写真が災害後にはかけがえのない記録となるように、あるいはGoogleストリートビューが撮影しておいたデータが災害前の景観を懐かしむ貴重な記録となるように、広義の災害アーカイブの構築は災害前から始まっているのである。

災害アーカイブの持続性

　災害アーカイブとは、現在から未来への発信でもある。しかし未来の時点でアーカイブが残っていることを前提とするなら、アーカイブの持続性についても考えざるを得ない。未来に向けて発信したつもりであっても、それが途中で失われてしまっては意味がないからである。そこで最後に、災害アーカイブの持続性について考えてみたい。

　東日本大震災では、過去の記録が災害の状況を後世に伝えていたことが、地震後に注目されるようになった。特に有名となったのが、明治時代の津波の教訓を「此処より下に家を建てるな」というメッセージで伝えた岩手県宮古市重茂姉吉地区の石碑や、貞観11年(869)の貞観地震の津波による被害状況を伝えた『日本三代実録』の記述などである。こうした記録が我々の教訓になったとすれば、東日本大震災の記録も未来に向けて発信されねばならない。

とはいえ、災害ビッグデータをそのまま保存するだけで未来に発信したことになるのかは一考を要する問題である。例えば姉吉の石碑は約70文字、『日本三大実録』は約160文字と、いずれもメッセージはたかだか1ツイート程度の短さである。各地に災害の記憶として伝えられている昔ばなしも、ストーリーはきわめてシンプルである。一方、5章で述べたような数十万件規模のニュース記事アーカイブが、後世にどのような教訓を伝えられるのかは定かではない。災害アーカイブを宝の持ち腐れとしないためにも、災害ビッグデータから手動または自動で端的なストーリーを生成できるような、ストーリーテリングの技術が必要であると感じる。

　次に災害アーカイブがコミュニティの資産であるとすれば、それを守っていくのはコミュニティの役割であり、そこには担い手の組織が必要となる。例えば気象庁が長期間の観測を継続できているのは、それをミッションとする組織的な活動が存在することが大きな理由である。一方、個人的な活動の場合、個人が引退すれば活動は終わりとなり、アーカイブも閉鎖せざるを得ない。それぞれの地域の担い手を確保することが難しければ、広域や国レベルでアーカイブを持続させる組織が必要になるだろう。

　とはいえ、大きな組織が運営すればアーカイブの持続性が高まるという単純な話ではないのが難しいところである。例えば、東日本大震災直後に公開されていた電力需給データについては、電力自由化も絡む複雑な事情もあってネット上からはすでに消えており、現在もダウンロードできるのは2016年4月以降のデータなど、最近のデータに限定されている[31]。また、東日本大震災に関連する政府の公文書が廃棄されたり、議事録が残っていなかったりなど、政府のような巨大組織であってもデータの保存体制が整っているわけではない。データを後世に伝えるためには、組織のポリシーや体制を整備するだけでなく、それが後世において過去を調査・検証するための歴史的な資産になるという基本認識を共有することが重要と言える。

　さらに持続のためのコストの問題も考えなくてはならない。非日常から日常に戻るにつれて、災害アーカイブを活用する動機が減ること自体は致し方

ない。このとき、アーカイブが物理的な書籍であれば、図書館が引き受けて長期保存を担当する体制がすでに確立している。またアーカイブが石碑であれば、維持コストは最小限で済むため数十年から数百年に及ぶ保存の実績もある。一方、デジタルなアーカイブは維持コストが膨らみがちであり、活動を維持するだけのリソースが十分に得られずにアーカイブが「死ぬ」こともある。そうなると、せっかく立ち上げた災害アーカイブを、コミュニティの資産として未来に活かすことができなくなってしまう。

　そのような冬の時代の到来をあらかじめ想定するなら、アーカイブの活動レベルをいったん下げる「冬眠」のための戦略も必要になってくるだろう。例えば、災害アーカイブをウェブサイトで運用するという「動態保存」を中止し、災害アーカイブのデータだけを「静態保存」することで、将来的に復活する機会が訪れるのを待つ。さらに、そのデータを各地にコピーして広めておけば、各地に所蔵された過去の写本が現代まで残ってきたプロセスと同様に、データの残存可能性が高まるとも考えられる。現代のデジタルデータは技術的には極めてコピーが容易であり、それがどこかに残っていれば、必要に応じて復活させることも可能だろう。とはいえ、たとえコピーが技術的に簡単であっても、データに様々な権利が付随していると、別の個人や組織がそれを引き受けて運用を再開することは制度的に難しくなる。だからこそ、コピーに伴う権利の問題をできるだけ少なくするオープンデータという戦略が、持続可能性を高める有力な選択肢となる。

　災害とは過去から未来に向かって流れる時間の一部分であり、コミュニティの歴史の一コマである。ゆえにコミュニティにおける日常の活動と災害アーカイブとをシームレスに接続していくことが大きな課題である。景観思考に基づきコミュニティに起こりうる変化を想像し、日常の中に未来を見ながらアーカイブ精神を鍛えていくことが、災害アーカイブというコミュニティ資産への理解と支持の拡大につながることを期待したい。

注

1) デジタル台風 http://agora.ex.nii.ac.jp/digital-typhoon/

2) 北本朝展「デジタル台風——台風ビッグデータを対象とした状況認識のための検索技術」『情報の科学と技術』**69**(5), 194-199, 2019

3) 北本朝展『「デジタル台風」におけるキュレーションとオープンサイエンス——持続可能なデータプラットフォームに向けた課題」『情報管理』**59**(5), 293-304, 2016

4) イラン・バムの城塞 http://dsr.nii.ac.jp/bam/

5) Elham ANDAROODI, Mohammad Reza MATINI, Nobuaki ABE, Kinji ONO, Asanobu KITAMOTO, Takashi KAWAI, Eskandar MOKHTARI, 'Simultaneous Implementation of Heterogeneous Data for 3-D Reconstitution of the UNESCO World Heritage in Danger: Arg-e-Bam'『人文科学とコンピュータシンポジウム じんもんこん2007論文集』, 265-270, 2007

6) Asanobu KITAMOTO, Elham ANDAROODI, Mohammad Reza MATINI, Kinji ONO, 'Post-Disaster Reconstruction of Cultural Heritage: Citadel of Bam, Iran'『人文科学とコンピュータシンポジウム じんもんこん2011論文集』, 11-18, 2011

7) イラン・バムの城塞 バーチャル・リアリティ http://dsr.nii.ac.jp/bam/virtual/

8) 東日本大震災デジタルアーカイブ http://agora.ex.nii.ac.jp/earthquake/201103-eastjapan/

9) 北本朝展「実世界と紐づいた検索——時間と空間を検索する」, 高野明彦 編『角川インターネット講座8 検索の新地平——集める、探す、見つける、眺める』角川学芸出版, 2015, pp.127-158

10) 北本朝展「デジタル・アーカイブの鍛え方——公開から始まる継続的な改善を駆動する方法論」, 岡本真, 柳与志夫 編『デジタル・アーカイブとは何か —— 理論と実践』勉誠出版, 2015, pp. 157-180

11) 柳田邦男『空白の天気図』新潮社, 1975, p.123

12) 新田次郎『芙蓉の人』文藝春秋, 2014

13) デジタル台風100年天気図データベース http://agora.ex.nii.ac.jp/digital-typhoon/weather-chart/

14) スペンサー・R・ワート『温暖化の＜発見＞とは何か』みすず書房, 2005

15) 気象情報：東日本大震災アーカイブ http://agora.ex.nii.ac.jp/earthquake/201103-eastjapan/weather/

16) 放射線関連情報：東日本大震災アーカイブ http://agora.ex.nii.ac.jp/earthquake/201103-eastjapan/radiation/

17) 東日本大震災ニュース分析 http://agora.ex.nii.ac.jp/earthquake/201103-eastjapan/mass-media/

18) エレクトリカル・ジャパン http://agora.ex.nii.ac.jp/earthquake/201103-eastjapan/energy/electrical-japan/

19) クライシス・メディア・プロジェクト http://digital-typhoon.tv/prj311/

20) 「311メモリーズ」 http://agora.ex.nii.ac.jp/earthquake/201103-eastjapan/311memories/

21) 「311メモリーズ（東日本大震災メモリーズ）」, 第16回文化庁メディア芸術祭 アート部門 審査委員会推薦作品

22) 「311リライブ」 http://agora.ex.nii.ac.jp/earthquake/201103-eastjapan/311relive/

23) メモリーグラフ https://mp.ex.nii.ac.jp/mg/

24) 北本朝展「デジタル人文学——コンテンツの「解釈」を重視したメディア技術の展開」『精密工学会 画像応用技術専門委員会 第5回定例研究会「クリエイティブ・コンテンツ：ファッション，伝統工芸，観光・メディア」』, 1-10, 2015

25) 二次元または三次元の物体を心的に回転させる能力のことをメンタルローテーションと呼び、空間把握能力を試すために知能テストでもよく使われる。これは回転角度が大きくなるほど困難さが増し、認知的な負荷が高い作業として知られている。

26) 髙橋彰, 山本峻平, 佐藤弘隆, 河角直美, 井上学, 矢野桂司, 北本朝展「デジタルアーカイブ写真を活用した景観理解支援システムの研究——京都市電のデジタルアーカイブ写真を事例として」『日本建築学会 第18回建築教育シンポジウム 建築教育研究論文報告集』18, 35-41, 2018

27) メモリーハンティング http://dsr.nii.ac.jp/memory-hunting/

28) 神戸市：『阪神・淡路大震災「1.17の記録」』, http://kobe117shinsai.jp/

29) 神戸市震災オープンデータの現地調査（2015年1月17日）http://dsr.nii.ac.jp/memory-hunting/event/20150117/

30) 神戸市震災オープンデータの現地調査（2015年2月1日）http://dsr.nii.ac.jp/memory-hunting/event/20150201/

31) 北本朝展「エレクトリカル・ジャパン——公共データアーカイブを対象とした状況認識のための可視化」『デジタルアーカイブ学会誌』3(3), 295-299, 2019

第8章

歴史地震研究と日記史料有感地震データベース

西山昭仁

1 はじめに

　日本列島とその周辺地域は、現行の地震学において世界有数の地震多発地帯とされており、過去においても現代と同じように大きな地震が頻繁に発生していたとされる。地震とそれによる災害は、このような日本列島に居住している限り避けることはできない。また、当該の地域には地震が多いだけではなく、千数百年にわたって記されてきた様々な史料(特に文献史料)も豊富に存在している。多種多様な史料にある記述を読み解くと、現代だけでなく過去にも同じように、日本列島で生活していた人々が地震とそれによる災害に遭遇していた状況が窺い知れる。現存している史料は時代的・地域的に偏在があるものの、古文書・日記・歴史書などに記された地震とその災害に関する記述は、千数百年という長期間にわたって膨大な数量が存在している。

　このような地震に関連する多種多様な史料を用いて、地震計など観測機器による記録が皆無である前近代に発生した地震を対象とし、現行の地震学などの知見を用いて、その地震像やそれに付随した諸現象を明らかにしようとする研究を歴史地震研究と呼称する。歴史地震研究には大きく分けて2つの研究方法がある。

　1つは、近代的な機器観測が開始される以前に発生した被害地震について、

198 ———— 第3部　未来のためのデジタルアーカイブ

史料記述から分析された地点毎の被害実態に基づいて被害分布や震度分布を求め、震央や震源といった地震像を検討するという、地震学における歴史地震研究である[1]。もう1つは、地震やそれによる災害に直面した当時の人々の対応や被災からの復旧・復興策など、社会に多大な被害や影響を及ぼした被害地震に関する地域性・時代性を検討の対象とする、歴史学における歴史地震研究である[2]。これらは双方とも史料を用いた研究でありながら、その目的や研究方法には相違があり、史料の取り扱い方も自ずと異なっている。後者は、歴史学(特に日本史研究)における社会史や災害史の事例研究として位置付けられ、関連史料の収集・翻刻・分析に基づく研究成果は、当然のことながら、これまでの地域史や都市史における研究の深化・多様化に大いに寄与してきた[3]。

　地震学における全国的な機器観測の期間は100年程度であるが、社会に甚大な被害と影響を及ぼす大地震や巨大地震は、数百年から百数十年に一度という低い頻度で発生しており、機器観測以前に発生した事例の方がより多かった状況が容易に想像できる。そのため、将来発生する大地震や巨大地震といった被害地震の知見を得るためには、現代のみならず過去に発生した地震についても研究を進める必要があり、地震学の分野では、近代的な機器観測の開始以前に発生した地震に関する研究が、当初より重要視されていた。前近代における地震関連の史料の収集・刊行や被害地震のカタログ作成といった、明治時代後期より始められ現代に至るまでの地震学における歴史地震研究の成果は、将来の地震活動の予測を目指す研究に寄与してきたとされる。

　明治時代の日本への近代地震学の導入から、その発展に貢献してきた地震学における歴史地震研究ではあるが、これまでの研究方法に問題がなかった訳ではない。そこには、歴史学と同様な史料を地震学的に用いるが故に、研究上看過できない様々な問題が内在している。特に深刻な問題は、歴史学の研究者があまり用いない信頼性が低い史料であっても、地震学の研究者が提唱する学説にとって都合の良い場合には、積極的に用いられる事例が少なからず見られる点である。地震学の研究者の手になる歴史地震研究では、歴史

学の研究者が主として研究に用いる古文書や日記史料といった信頼性の高い史料だけではなく、積極的には用いることのない後世の叙述物や出版物といった信頼性の低い資料も取り混ぜて使用されている。これら玉石混淆の史資料の記述に基づいて被害地震の震度分布図が作成され、震央や規模などが推定されている事例がしばしば見受けられる。

このような不適切な史料の分析方法に基づく誤った研究結果が創り出されて流布した場合、その真偽を確認し誤りを是正するためには膨大な労力と時間が必要になる[4]。地震学における歴史地震研究に見られる学術研究として好ましくない状態を改善していくためには、史料読解に精通した歴史学の研究者による歴史地震研究への更なる協力と参入が必要である。そして、歴史地震研究における学術研究としての妥当性を確保するためにも、史料批判を経た信頼性の高い史料のみを研究に用いるようにすべきと考える。

上記のような地震学における歴史地震研究の看過できない実態を受けて、歴史学と地震学の研究者が協力して学術研究を実施していく体制の整備が必要となった。そこで2017年4月に、東京大学の地震研究所と史料編纂所が連携して、新たな研究組織である地震火山史料連携研究機構が設立された。文理融合研究の進展を主眼に置いたこの学際的な研究組織では、歴史学と地震学の研究者がこれまで以上に協力して、史料の調査・収集・分析と地震学・火山学的な検討を実施し、日本列島における地震活動や火山活動の長期的な情報を提供するために、科学的なデータベースを構築している。

本稿では、上記のような地震学における歴史地震研究の現状を踏まえて、新たに設立された地震火山史料連携研究機構において実施されている、歴史地震研究の内容について述べていくことにする。

2　歴史地震研究

2-1　地震学と歴史地震研究
明治時代前期に日本に導入された地震計などの観測機器を用いた地震観測

が全国的に展開されるのは、大正十二(1923)年の大正関東地震(災害名は関東大震災)の発生後とされており、その期間は未だ100年に満たない。一方で、大きな揺れによって当時の社会に多大な被害を与え、その後の生活環境にも影響を及ぼす大地震や巨大地震は、数百年から百数十年に一度という低頻度で発生している。そのため、地震計などを用いた地震観測が実施されている期間以前に発生した大地震や巨大地震については、現存する史料などからその発生の事実が明白であっても、観測機器による記録は残されていない。

このように、現行の地震学で用いられている100年足らずの観測記録の中には、発生頻度の低い大地震や巨大地震に関するものはそれほど多く含まれていない。これらの観測記録のみに基づいて、最近発生した大地震・巨大地震や今後発生する同様な地震について検討するには事例の数が不足している。そこで、将来発生する大地震・巨大地震についてより多くの知見を得るためには、機器観測の開始以降、観測記録が残っている地震だけではなく、機器観測以前に発生した地震も対象として研究を進める必要がある。

このような理由から、地震学の分野ではその初期にあたる明治時代前期より、日本史の研究で用いられる史料が重要視されており、様々な史料に記された地震関連記述の調査・収集と編集・刊行が進められている[5]。現在までに刊行された地震史料集は、全体で35冊、約28,000頁の膨大な量に及び[6]、これらを用いた個別の被害地震に関する研究の集大成として、機器観測以前に発生した被害地震のカタログが作成されている[7]。この前近代の被害地震のカタログと近代以降の機器観測による地震記録とを組み合わせて、千数百年という長期間の地震の記録を用いることにより、日本列島とその周辺で将来発生する可能性のある地震についてより詳細な検討ができるようになった。

2-2 歴史地震研究の問題点と今後の展開

上記の大部の既刊地震史料集では、地震に関連する記述が収められていればどのような史資料であっても収録するという、独自の編集方針が採用されていたようであり、同時代史料とは言い難い自治体史や報告書などにある記

述も含まれている。そのため、「はじめに」で述べたように、従来の地震学における歴史地震研究では、後世の叙述物や文学作品といった記述内容の信頼性に乏しい資料であっても、地震学の研究者が主張する学説や理工学的モデルに好都合な内容である場合には、積極的に用いられている事例がある。また、それとは逆に、歴史学の研究者が用いる古文書や日記史料といった同時代に成立した信頼性の高い史料であっても、地震学の研究者が主張する学説にとって都合が良くない内容の場合には、積極的に用いられていない事例もある。一部の地震学の研究者によるこのような我田引水に過ぎる史資料の利用方法に基づいて、歴史地震の推定震度分布図や歴史津波の推定津波高分布図が作成され、地震の震央や規模などが推定されるという、文理融合の学術研究として不適切な状態が幾らか散見できる。

　そこで、「はじめに」で紹介したように、史料の読解に精通した歴史学の研究者による歴史地震研究への組織的な協力と、新たな歴史地震研究の実施を目的として、2017年4月に東京大学の地震研究所と史料編纂所が共同で地震火山史料連携研究機構が設立された。前述したように、既刊地震史料集に所収されている史資料の検討に基づく被害地震のカタログは、地震計などによる地震観測記録と組み合わせることによって、現行の地震学における地震の長期予測において重要な役割を果たしている。そのため、地震火山史料連携研究機構の設立以前にも複数の研究プロジェクトにおいて、既刊地震史料集のテキストデータベース化が実施されてきた[8]。これらのデータベースは、刊本である地震史料集に加えて、新規に収集・翻刻した史料本文をデータベース化したものであって、膨大な史料本文の検索には大変有益である。しかし、このような史料データベースから地震学に役に立つ情報を得るためには、史料テキストの内容に関して歴史学・地震学の双方における分析を経る必要があり、史料をデータベース化しただけでは地震学の研究に直接利用することは難しい。

　例えば、ある被害地震の推定震度分布図を作成する際には、史料記述から建造物の被害記述を抽出し、「倒壊」・「大破」・「破損」といった被害状況から

それに応じた震度を推定する方法が用いられるが、この方法のみでは建造物の被害状況を正当に評価しているとは言えない。地震によって被害を蒙った建造物には被害を蒙る要因があり、被災当時の建造物の構造や部材ごとの材質、築年数や修復履歴といった、歴史学や建築学の成果に基づく建造物側の条件を踏まえて、適切な被害実態を評価する必要がある。このような建造物の被害評価に基づいて、当時の建造物があった地点ごとに震度を推定していき、地形や地盤条件なども考慮して推定震度分布図を作成していく方法が望ましいと考える。しかし、現状の地震学における歴史地震研究の方法は、この段階にまでは至っていないように思える。

　一方で、既刊地震史料集に基づく既存の地震史料データベースでは、大きな被害を及ぼした被害地震が主たる対象となっており、被害を及ぼさない小さな地震(有感地震)についてはデータベースに幾らか収められているが、有効に活用するには困難な状態にある。被害を及ぼさないものの人間が揺れを感じることのできる有感地震については、日記史料に記述されている数量は膨大であるにも拘わらず、被害地震に比べてこれまでほとんど研究の対象とはされてこなかった。そこで、これからの地震学における歴史地震研究では、被害地震だけではなく有感地震にも着目し、有感地震が数多く記録されている日記史料に基づいて、歴史地震の新たな研究を展開していくべきと考える。このような考えに基づき、地震火山史料連携研究機構では現在、日記史料の歴史地震研究への有効活用を目指して、「日記史料有感地震データベース」を構築している。

3　日記史料有感地震データベース

3-1　日記史料にみる有感地震の記述

　地震学における歴史地震研究においては、現在のところ、地震学の研究者の関心と社会的な要請を背景として、歴史上の大地震や巨大地震とそれに伴う建造物被害や津波被害が研究の主な対象とされており、社会に被害を及ぼ

す地震の研究が重要視されている。そのため、日記史料に数多く記されている被害を及ぼさない有感地震については、それらを主体とした研究はほとんど実施されていないのが実状である。そこで、これからの地震学における歴史地震研究では、被害地震を対象とするだけではなく、日記史料にある有感地震の記録も用いて、前近代の地震活動の解明に取り組む必要があると考える。

　日本列島に現存している古文書・日記・歴史書といった様々な種類の史料には、古代から近世に至るまでの地震や火山噴火や津波などの自然現象について、膨大な記述が残されている。その中でも特に日記史料は、出来事の直後に記された同時代史料であり、記主（筆者）が実際に経験または見聞した出来事の記述については信頼性が高く、年月日だけでなく時間帯までわかる場合も多い[9]。日記史料の多くは、同一の記主によって十数年から数十年間日々書き継がれている連続記録であるために、記述内容が他の史料に比べて安定しているという特徴がある。また、公家・武家・寺社・商家などの手になる日記史料は、その家の後世の人々に参照されることを意識して記された半ば公的な史料として位置付けられ、後年の編纂による二次的な史料と比較して記述内容の信頼性は全体的に高い。

　日本列島では古代から近世まで約900年の長期間にわたって膨大な量の日記史料が記されており、古代・中世については政権の中心地であった京都や奈良で記された公家や寺社の日記史料が圧倒的に多くなっている。そして、近世も江戸時代中期以降になると、政治体制の確立・安定に伴って、各地の藩の政庁や城下町・在郷町などでも武家や商家によって日記史料が記されるようになり、記述場所の空間分布は全国的に展開していく。

　日記史料には、記主の周辺で起こった日常の様々な出来事だけでなく、日付の後もしくは文中にその日の天候や特異な自然現象などについても記されている。地震の場合には、「天快晴」や「天晴後雨下」といった当日の天候を表す記述に付随して、「地震」や「少々地震」や「小地震」のように、日記史料の記主自らが揺れを感じた地震について記されている。このような地震の記述は、記主が揺れを感じた場所における地面や建造物の揺れ方を表現している。人

間が揺れを感じることのできる地震について、地震学では有感地震と呼称されており、建造物に被害を及ぼすような大きな揺れ（強震動）を伴う地震とは区別されている。日記史料にある有感地震の記録（以下、有感記録）は、地面や建造物が揺れたという現象の発生とほぼ同時（同日もしくは数日以内）に、揺れを感じた記主の手で記されているために、記述内容の同時性は保証されている。このような有感記録は、古文書や歴史書といった他の種類の史料では見られない記録であるが、天気が記述されている日記史料の場合には数多く見つけ出すことができる。なお、日記史料は記主が特定されているため、記主の所在地や有感記録が記された場所について、当時の街区や村落の範囲に留まらず、屋敷地までも詳細に特定できる場合がある。

　このように日記史料にある有感記録は、日付と場所が明確で信頼性が高い安定した連続記録であるために、地震学における歴史地震研究での有用性は高いと考える。しかし、有感記録には「大地震」や「地震」や「小地震」といった大きさを示す表記があるものの、地震による被害記述を伴わない場合が多いために、揺れの強さまでは明確にわからない場合が多い。また、日記史料の記主は人間であるが故に、一貫した基準をもって地震の有無や大きさを記しているとは限らず、それまでの経験や心境など諸条件によって、地震の表記の有り様が変化することを考慮しておく必要がある[10]。このような制約はあるものの日記史料の有感記録からは、日記史料が記された場所において、記主が地震を感じたか感じなかったかは明確に判断できる。そのため、人間が地震を感じたか感じなかったかという有感記録について、広範囲に長期間にわたって集積・分析することで、地震現象の空間分布や時間変化の検討が可能になるように思える。

3-2　日記史料有感地震データベースの構築

　既刊地震史料集である『増訂大日本地震史料』や『新収日本地震史料』などには、多数の日記史料とそれに記された地震関連の記述が所収されている[11]。これらの地震史料集においては、原典である日記史料から有感記録や地震被

害を含む地震の記述のみが断片的に採録され、年月日順に編集されているが、現行の地震学における歴史地震研究では、それらの有感記録あまり利用されていないようである。一方で、日記史料は前近代の気象の研究にも利用されており、水越允治編『古記録による16世紀の天候記録』などの史料集が刊行されている[12]。しかし、これらに採録されているのは、刊本がある日記史料のうち16世紀以前の京都や奈良での天気の記述にほぼ限定されており、日記史料が全国的に増加していく18世紀以降については含まれていない。

　前述したように、日記史料には多くの場合、日付に続いて天気の記述があり、記主が揺れを感じた場合には地震に関する記述がある。日記史料にある天気や地震などの自然現象の記述については、本来、同一の記主によって同じ日付と場所で記された記述であり、個別の研究分野における必要性に応じて天気と地震とを分けて収録することは望ましくない。何故なら、前近代における記主たちの自然や環境に対する捉え方を検討する際には、天気や天文や地震といった様々な自然現象を総合的に分析する必要があり、日記史料の記述はそのまま採録するのが適切と考えるためである。このような基本方針に沿って、現在構築中の「日記史料有感地震データベース」(以下、本データベース)では、天気の記述の有無を基準としてデータベース化する日記史料を選定しており、日々の天気や地震に加えて天文など自然現象の記述も収録している。

　現在構築中の本データベースでは、主に次のような手順で日記史料の分析とデータ化を実施している[13]。

1. **日記史料の選定**：東京大学史料編纂所に所蔵されている日記史料の写真帳・写本・刊本などを調査して、欠本(欠月・欠年)が少なく記載期間の長いものを選び出し、その中から長期間にわたる天気の記述があり、地震の記述が散見されるもののみを選定する。
2. **新たな日記史料の調査・収集**：本データベースの構築に必要な時期や地域の日記史料が史料編纂所に所蔵されていない場合には、日本列島各

206　　　　　　第3部　未来のためのデジタルアーカイブ

地の史資料保管機関へ赴いて新規に調査・撮影を行い、新たな日記史料の収集を行っている。

3. **日記史料の分析と記述の抽出**：日記史料の記述を分析して、年月日（太陰太陽暦）、時刻（時間帯）、天気、地震、自然現象、史料本文（記述の抜粋）、備考、記主の所在地など、本データベース構築に必要な記述を抽出する。

4. **史料データの作成**：日記史料から抽出した記述について、汎用性の高いパソコン用ソフトである Microsoft Excel を使用して史料データを作成する。本データベース構築において日記史料の分析やデータ作成を担当しているのは、文献史料の取り扱いに精通した歴史学の研究者であり、構造化データの作成には不慣れである。そのため、巷間に普及しているパソコン用ソフトを用いることで、史料データの作成における円滑化と効率化を図っている。

5. **史料データへの情報の付与**：Microsoft Excel を用いた史料データの作成に際して、史料中の年月日は現行の太陽暦へ、時刻は現行の一定範囲の時間帯へ、地震や自然現象の記述は特定の記号へ変換しており、史料記述に数値や記号を付与した史料データを作成している。

6. **データベースの構築**：日記史料の記述内容を分析・抽出して作成された複数の史料データを組み合わせて、本データベースを構築している。その際に、日記史料のデータに地理情報システム (GIS) を組み合わせて、有感地震が記録された場所（日記史料の記述場所）が地図上に表示されるようになっている。

2018年10月に公開された本データベースの試作版は、現存する日本列島各地の日記史料を収集・分析して、日記史料の記主が感じた揺れに関する記述を抽出したものである[14]。2019年3月の時点で、25点の日記史料にある嘉永七 (1854) 年〜安政三 (1856) 年の有感記録が収録されている（図1）。本データベースでは連続した記録である日記史料の特性を反映させて、有感地震のない日についても入力しており、特定地域における1ヶ月や1年ごとの有感

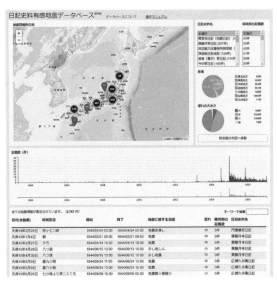

図1　日記史料有感地震データベース(試作版)のトップページ

地震の頻度が把握できるようになっている。そのため、有感地震数約2,800件に比べて、全データ数は約87,600件と格段に多くなっている。また、本データベースに収められている有感記録は、地理情報システムを用いて表示できる仕組みになっており、その地理情報システムに時間変化を加えることで、有感場所の時空間分布図を作成している。時空間分布図に表示される丸印は、日記史料の記述場所で感じられた揺れの大きさ(大、中、小・微)を表しており、図の左側には有感地震の記述が年月日・時間帯順に表示されるようになっている(図2)。

本データベース構築における今後の展開として、日記史料の記述場所を40地点程度まで増やし、収録期間をそれぞれ約10年分に延長することで、19世紀中頃の日本列島における有感地震の有無や有感範囲などのデータ量を増加させていく計画である。それに対応して、データベースの構成や時空間分布図の改良も予定しており、機器観測による地震観測データとの統合も視野に入れている。

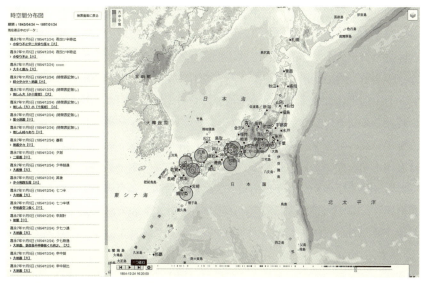

図2 時空間分布図で表示された嘉永七年十一月五日(1854年12月24日)の安政南海地震

4 おわりに――歴史地震研究の今後の展開

4-1 有感記録を活用した地震発生可能性の長期評価へ向けて

　歴史地震研究の章で述べたように、地震史料集の編集・刊行や前近代の被害地震のカタログ作成など、地震学における歴史地震研究による成果の蓄積は大きい。現行の地震学における歴史地震研究では、前近代に発生した大地震や巨大地震といった特定の被害地震が研究の対象とされている場合が多く見られる。このような被害地震の研究に基づいて過去の地震活動の実態が検討され、将来発生する地震の予測に役立てられている。しかし、大地震や巨大地震といった社会に被害を及ぼす大きな規模の地震は、同一地域において数百年あるいは百数十年に一度という低頻度で発生しているために、前近代を含めても数回分の情報しか得ることができない。

　一方で現在、地震計などの観測機器を用いて頻繁に捉えられている地震の多くは、地面が揺れるものの地表に被害を及ぼさない中・小規模の地震であ

る。現行の地震学において、中・小規模の地震が高い頻度で発生する状況は、過去でも同様であったと考えられている。そこで、これからの地震学における歴史地震研究では、大規模な被害地震だけではなく、社会に被害を及ぼさない中・小規模の地震についても研究の対象にしていく必要があると考える。しかし、前近代に発生した中・小地震については、被害が生じなかったために現存する様々な史料に被害状況が記されておらず、被害分布やそれに基づく推定震度の分布が不明であることから、震央や規模といった実態の解明はほとんど進んでいない。そこで、新たに構築した本データベースに収められている有感場所の空間分布を活用して、同じ時間帯に有感であった複数の場所の範囲に基づいて、未知の中・小地震を探し出す試みを開始している。これは、従来の前近代における大地震や巨大地震に加えて、中・小規模の地震についてもカタログ化を実施する試みでもある。

　本データベースでは、南海トラフ沿いの巨大地震や、それに前後して日本列島で大地震の発生が相次いだ19世紀中頃の期間について、集中的にデータ化を実施しており、当該期の日本列島における地震活動の時空間分布を明らかにすることを目指している。それに向けて、本データベースに基づく19世紀中頃の有感範囲のデータと、気象庁の震度データベースにある有感範囲のデータとを比較し、19世紀中頃に日本列島で発生した中・小規模の地震に関する震源決定の可能性を検討している。この研究によって、前近代における中・小規模の地震の発生頻度や分布について一定期間でも明らかにできれば、既往研究で検討されている前近代の大地震や巨大地震のような低頻度の被害地震と組み合わせて、前近代における総合的な地震活動の研究が可能となる。

　このような研究は、歴史地震研究のみならず現行の地震学にとっても新たな試みであり、早期に何らかの成果が出るような容易な研究ではないものの、今後、地震学における歴史地震研究の更なる展開を指向するには、挑戦的な研究を進めていく必要があると考える。そして、本データベースに基づく前近代の中・小規模の地震も含めた検討によって、従来のように大地震や巨大

地震のみに依拠していた段階では得ることのできない、より確度の高い地震発生可能性の長期評価の実現に寄与できるのではないかと考えている。

4-2　日記史料を用いた日本史研究の新たな展開

　日記史料有感地震データベースの節で述べたように、現在構築している本データベースでは、日記史料のテキストデータベースと地理情報システムを組み合わせることによって、日記史料の記述期間と記述場所を組み合わせた従前にはない形式の史料データベースとなっている。本データベースを基盤として、日記史料の記述期間(年月日・時間帯)に準じた時間軸と、日記史料の記述場所(緯度・経度)の分布に基づく空間軸との組み合わせによって、膨大な日記史料の記述を時間と空間とで関連付けた時空間分布図を作成している。これまでは、日記史料のテキストデータと地理情報システムとを組み合わせた時空間分布図の作成は困難であったが、現在では情報技術の進歩によって比較的容易に作成できる環境が整っている。このような新形式の史料データベースと時空間分布図を活用することで、これまでの日本史研究では困難であった、日本列島全域にわたる日記史料の記述を活用した新たな研究の展開が可能になると考える。

　例えば、京都で記された複数の日記史料にある天気や有感地震など自然現象の記述を比較・検討することによって、筆者の社会的立場を背景にした個々の日記史料の特質について、従来とは異なった観点から解明できるように思える。また、多種多様な日記史料における自然現象の記述を広域的に検討することで、自然現象の捉え方や記述の仕方に関する地域性を明らかにする研究も可能であろう。さらに、公家・武家・寺社・商家など十数年から数十年の長期間書き継がれている家の日記史料の場合、自然現象の記述に関する経年変化を捉えることが可能となり、その要因を検討するといった新たな研究課題を提示できる。あるいは、旅日記に記された記主の移動経路とその時間変化について、地図上に表現できるようになるため、当時の人々の移動実態を検討する上で基本的な情報を提供することもできよう。このような多

数の日記史料を時間軸と空間軸に沿って横断的に分析する方法は、地域間における情報伝達の差異や経年変化などについて具体的な事例を提示でき、現存する日記史料の有用性の再評価に繋がることから、新たな研究分野の展開を促すと考える[15]。

　一方で、その膨大な分量ゆえに有効な活用がなされていない日本列島各地の史資料保管機関が所蔵している日記史料だけでなく、寺社や旧家などの土蔵や倉庫に保管され、未確認の状態の日記史料が各地に多数存在している可能性がある。このような公的機関や民間で保管されている日記史料についても、本データベースに基づく地震研究の有用性や日本史研究の新たな視点を示すことで、今後、現状調査や目録作成を少しでも促すことができればと考えている。そして将来的には、新たに確認されたそのような日記史料についても、調査・撮影と史料データの作成を実施し、本データベースへ追加して公開していくことで、地域に根ざした日記史料の有効活用の一側面を担えるように思える。

　以上、本稿では地震学における歴史地震研究の問題点を提示し、東京大学の地震火山史料連携研究機構において、現在実施されている「日記史料有感地震データベース」の構築について紹介してきた。また、本データベースを基盤にした歴史地震研究や日本史研究の今後の展開について、現時点で進行中の研究や将来的な構想などについて述べてきた。これらのうち、幾つの研究や構想が実現できるのか現時点では未知数である。しかし、本データベースの日記史料データがこれらの基盤となり、これからの研究の趨勢を左右していくことは確かである。本データベースを嚆矢とした今後の日記史料の再評価に期待しつつ、本稿を締め括ることにしたい。

　　注
　1）　総論的な研究として、宇佐美龍夫・石井寿・今村隆正・武村雅之・松浦律子『日

本被害地震総覧　五九九―二〇一二』(東京大学出版会、2013年)があり、本書には近現代だけでなく前近代の被害地震もカタログ化されており、現行の地震学における歴史地震研究の基本書となっている。

2)　西山昭仁「歴史地震研究の現状と展望」『活断層研究』**49**、67-69、2018。

3)　代表的な研究として北原糸子『安政大地震と民衆：地震の社会史』(三一書房、1983年)をはじめとして、同『近世災害情報論』(塙書房、2003年)や同編『日本災害史』(吉川弘文館、2006年)などがあり、同『日本震災史：復旧から復興への歩み』(筑摩書房、2016年)に至るまで同氏による多数の研究成果が挙げられる。

4)　原田智也「大地震発生予測における歴史地震研究の役割――1498年明応「日向灘？」地震を例にして」『科学』**88**(5)、514-521、2018。

5)　西山昭仁「近世史料に記された地震と地震災害」『新しい歴史学のために』**284**、20-32、2014。

6)　既刊地震史料集としては，震災予防調査会編『大日本地震史料』全2冊(丸善、1904年)、文部省震災予防評議会編『増訂大日本地震史料』全3冊(文部省震災予防評議会、1941〜43年)、武者金吉『日本地震史料』(毎日新聞社、1951年)、東京大学地震研究所編『新収日本地震史料』全21冊(東京大学地震研究所、1981〜94年)、宇佐美龍夫編『日本の歴史地震史料 拾遺』全8冊(日本電気協会、1998〜2012年)がある。

7)　注1)の文献を参照。

8)　佐竹健治・村岸純・榎原雅治・矢田俊文・石辺岳男・西山昭仁「江戸時代に関東地方で発生した歴史地震の史資料データベース」『歴史地震』**33**、61-77、2018。

9)　片桐昭彦「地震史料としての日記の性質――十九世紀の武蔵国多摩地域の地震を事例に――」『災害・復興と資料』**9**、14-23、2017。

10)　注9)を参照。

11)　注6)を参照。

12)　水越允治編『古記録による16世紀の天候記録』(東京堂出版、2004年)から同『古記録による11世紀の天候記録』(東京堂出版、2014年)まで全6冊が刊行されている。

13)　片桐昭彦・西山昭仁・水野嶺「日記史料にみる時間表現の情報化」『人間文化研究情報資源共有化研究会報告集』**8**、33-44、2018。

14)　「日記史料有感地震データベース」(試作版)については次のURLで公開されている。http://www.eri.u-tokyo.ac.jp/project/eri-hi-cro/database/index.html

15)　榎原雅治「地震研究と歴史学――異分野連携のもつ可能性」注4)前掲書、429、2018。

第9章

防災科学技術研究所の
災害資料とデジタルアーカイブ

自然災害資料の収集・整理・発信

三浦伸也・鈴木比奈子

1　はじめに

　国立研究開発法人防災科学技術研究所(以下、防災科研)は、1959年9月の伊勢湾台風を契機として、1963年4月に設立された研究機関である。1964年4月には、資料調査室が開設され、現在は総合防災情報センター自然災害情報室と名称を変更し、国立研究開発法人防災科学技術研究所法第15条4「防災科学技術に関する内外の情報及び資料を収集し、整理し、保管し、及び提供すること」を根拠として、国内外の自然災害、防災科学技術に関する情報および資料(以下、災害資料)の収集、整理、保管、提供を行っている。総合防災情報センターは、防災科学技術に関する総合的な知(情報)の結集を目的として2016年に設置された。本稿では、防災科研の自然災害に関するアーカイブを行う自然災害情報室の取り組みを中心に論じる。

　自然災害情報室の収集資料は紙媒体の資料が大半を占め、なかには放置すれば劣化が進むフィルムや地図、一点もので他館では閲覧が難しい資料も含まれるため、貴重な災害資料の保存と広く一般に災害資料を提供するという観点から資料のデジタル化を進め、インターネット上で利用しやすい形態で公開を進める「デジタルアーカイブ」の構築に取り組んできた。本稿では、まず防災科研が何故、自然災害資料のアーカイブを行うのか、換言するならば、

何故、収集・整理し、発信するのかを示す。そのうえで、デジタルアーカイブが、どのような考え方に基づいてすすめられてきたのかというデジタルアーカイブの思想を示し、デジタルアーカイブの全体像と主なデジタルアーカイブの事例について紹介し、その成果と課題を整理したうえで、今後の展望について述べる。

なお、本稿は、鈴木比奈子、堀田弥生、田口仁の学会発表予稿集、査読論文、学術雑誌記事をふまえ、本人にヒアリングしたうえで執筆したものである。

2 自然災害資料のアーカイブ

ここでは、何故、防災科研が自然災害資料を収集するのかという問いに応えることにより、自然災害資料を収集することの意義を確認する。そのうえで、資料をどのように収集し、整理するのかについて述べる。

2-1 なぜ自然災害資料を収集するのか

自然災害は毎年発生し、災害により毎年のように死者が発生する。自然災害による被害を減少させるためには、観測技術による災害発生の予測、災害対策技術による災害発生の抑制に加え、過去の災害履歴から得た知見を活用した対策が必要である。

過去の災害履歴は、その場所における災害リスクに大きく関係するため、ハザード・リスク評価や災害情報の利活用にとって必須の情報である。災害発生後、「ここでずっと暮らしてきたが、こんな災害は初めてだ」という主旨のことをよく耳にする。この言説には「ずっと」という期間が明確でない情報が含まれている。多くの場合はせいぜいここ100年程の期間にここでは災害が起こらなかったという意味で使われている場合が多い。しかしながら、タイムスパンを延ばし、数百年の期間でみた場合、その地域で災害が発生していることは少なくない。

この言説は、期間を限定したことで、たまたまその期間にその地域では災

害が発生していないことから発せられている。本当は過去に災害が発生した
ことがあるということを知るために、どういう災害がどういう条件の時に発
生したのかを示す災害資料のアーカイブが必要である。近年、気候変動によ
り、豪雨の度合いが高まり、頻度も多くなる傾向にあるため、100年に一度
の災害が短い期間にいくつも起きるようになっている。過去の自然災害の記
録は、今後起こりうる自然災害の規模や被害を想定する根拠となるため、こ
れまでに発生した自然災害の様々な資料を収集し、長期的・継続的にアーカ
イブしていく必要がある。

2-2　何をどのように収集するのか

被災地域にのみ存在する郷土資料などの災害資料は被災地の図書館が、最
も多く収集しているため、災害アーカイブの知見を共有する活動を進めるこ
とにより、記録を後世に継承し、アーカイブを利活用する取り組みが必要で
ある。そこで、自然災害情報室は、収集だけでなく、被災地図書館と連携す
る活動も行っている[1]。

アーカイブの対象となる資料は、様々な形態で存在する。資料の多くは、
研究の参考となる図書や雑誌をはじめ、報告書や地方新聞などである。この
ほか、印画紙に焼いた写真や絵、地域の災害リスクに関わる主題図、その土
地の災害記録が刻まれた災害記念碑の解析画像、それらの分布を示す地理空
間情報、空中写真、数は少ないが、火山灰や岩石などの現物資料、地震や天
気の観測記録などの二次資料などで、一部はデジタル資料としても存在して
いる。近年は、とくにデジタル写真のデータが多いため、後から、いつ、ど
こで撮影したものかわかるように、撮影する際に位置情報が付与されている
ものも多い。

また、他機関の災害アーカイブの継承も行っており、2017年度より、松
代地震センター収集資料を長野市と気象庁松代地震観測所と連携し、災
害アーカイブの継承と分散管理を行っている。収集した資料情報は「DIL-
OPAC（http://www.lib-eye.net/dil-opac/）」で一般に公開しており、検索可能である[2]。

2-3　収集した資料は、どのように整理されるのか

　収集した災害資料は、資料自体の整理と災害資料内に含まれる情報の整理が必要である。自然災害情報室では、資料の一覧性を最重要視し、災害資料をその場で直感的に探せるよう一般的な図書館の分類・配架手法に捉われない災害分野を軸とした独自の資料分類手法を考案し、実践している[3]。資料の構成は、8種(表1)で、D災害記録、E地域資料、F災害研究専門書、H地図、I学術和雑誌、J洋雑誌、N防災科研資料であり、D災害記録については、たとえば、地震は発生年代順に配架しており、1923年関東大震災に関する資料は1カ所にまとまっている。

表1　資料区分

請求記号	資料区分	概要
D	災害記録	特定の災害に関する資料
E	地域資料	災害に関する地域資料
F	災害研究	災害に関する専門書・報告書など
H	地図	地質図や地質図など
I	和雑誌	災害に関連する日本発行の雑誌
J	洋雑誌	災害に関連する海外発行の雑誌
P	災害写真	空中写真など
N	防災科研	防災科研の刊行物

　D災害記録の出所分類と配架は、表2のとおりである。国内外と災害種別によって分類の基準が異なっている。大まかには、災害種別、災害発生年順、災害地域ごとに分類している。この分類は直接配架された状態の資料を利用者が手に取ることを想定したものである。

表2　D災害記録の出所分類と配架順

国別	災害種別	分類基準	配架順	同じ災害内での並び方	理由
国内	地震・津波[*1]	発生年代	古〜新	タイトル順	地震の被害地は震源域と一致しないこともあり、場所区分が難しく、発生日の方が特定しやすく検索キーとなるため
	火山	火山体毎	北〜南		場所による分類基準だが、複数の自治体の境界に位置することが多いため県別、地方別区分にそぐわない
	気象・雪氷・洪水・土砂・環境	災害発生場所(都道府県、地方)	①北〜南②発生年代		気象に起因する災害は同時に複数種の災害が発生することがあるため
	大規模災害	指定した災害[*2]	上記に順ずる	(NDC分類＋)タイトル順[*3]	大規模な災害は複数の地域を跨ぐ場合があるため、地域別では全体像が見えない
海外	全災害	発生年代	古〜新	タイトル順	資料数が少ないため、発生年のみを配架の手がかりにして単純化している

*1　遠隔地津波など、被害が津波のみの場合
*2　死者1,000名以上または社会的にインパクトの大きい災害
*3　資料が大量の場合はNDCで分類してからタイトル順。阪神・淡路大震災と東日本大震災の2例のみ

3　自然災害資料のデジタルアーカイブ

　ここでは、災害資料デジタルアーカイブの歴史をふまえて、防災科研の自然災害デジタルアーカイブを時系列で概観し、その全体像を示したうえで、主なデジタルアーカイブ事例を紹介する。防災科研が、インターネットを介してデジタルアーカイブを公開するのは、いくつか理由がある。一つは世界

に対して発信するためで、現物の資料を公開するだけでは、資料が活用されにくいため、他機関で代替が効かない貴重な資料の一部はインターネットで公開している。このほか、日本全国で発生した各種自然災害のアーカイブを公開することにより、日本のそれぞれの地域でどのような災害が起こったのかという事実を収集・整備し、今後の災害に備えるためである。

3-1 災害資料デジタルアーカイブの歴史

災害資料デジタルアーカイブは、2011年の東日本大震災以降、急速に注目されるようになったといえるが、2011年以前にも存在している。例えば、過去の津波災害に特化したデジタルアーカイブとして2003年に津波ディジタルライブラリィ委員会が公開した「津波ディジタルライブラリィ」[4](図1)がある。2003年時点では、「アーカイブ」という用語(概念)が使われておらず、この用語が一般的でなかったことが窺える。この資料は、本文が機械判読可能な形態で公開され、インターネットなどでの検索や引用が可能である。

図1　津波デジタルライブラリィ

図2　東日本大震災アーカイブ「ひなぎく」

アーカイブという用語(概念)が広く使われるようになったのは東日本大震災以降であり、その中核的存在が国立国会図書館東日本大震災アーカイブ「ひなぎく」(図2)である。2011年11月より試験公開が開始され、2018年11月現在、インターネットで公開される57の東日本大震災アーカイブの検索が可能である。収録される資料は文書資料、Webサイト、写真、映像、音声などで、1995年阪神・淡路大震災、2004年中越地震、2016年熊本地震などの地震災害の資料も収録し、近年の地震災害アーカイブとしての機能も果たしている。収録された資料のメタデータはAPI(外部提供インターフェース)を介して利用可能である。

3-2　防災科研自然災害情報室のデジタルアーカイブ

防災科研自然災害情報室のデジタルアーカイブは、以下の災害資料の一部と災害の解説をインターネットで公開している(表3)。2014年以前はデジタルスキャンした画像や動画のみを公開していたが、近年はWeb-GISを用いて、災害資料の撮影地点を地図上からの閲覧可能な形態でインターネット公開を行っている[5]。このように、情報通信コミュニケーション技術(ICT)の進化によって、従来のアーカイブにGISデータを加えることができるようになった。このことを活かし、どこでその災害が発生したかがわかる情報としてアーカイブし、インターネット公開している。

表3　自然災害情報室でインターネット公開する過去の災害資料及びハザードマップ[6]

災害名称・災害種別デジタルアーカイブ	公開日
1923年大正関東地震	2012年9月
1947年カスリーン台風	2007年9月
1959年伊勢湾台風	2008年9月
1960年チリ地震津波	2010年5月
1964年新潟地震	2014年6月
2011年東北太平洋沖地震	2011年3月
火山ハザードマップデータベース	2006年、2013年7月リニューアル
水害地形分類図デジタルアーカイブ	2016年3月

ここでは、防災科研が著作権を有しており、権利処理が容易であった1964年新潟地震オープンデータ特設サイトと、資料発行者への利用許諾だけでなく、測量法に基づいた測量成果の複製・資料承認が必要であった水害地形分類図を事例として紹介する。

3-2-1　1964年新潟地震オープンデータ特設サイト[7]

　1964年6月16日に発生した新潟地震(M7.5)は、防災科研の前身である国立防災科学技術センター設立1年後に発生した災害であり、液状化現象や津波などの自然現象が現場で撮影された災害である。防災科研は発生翌日の6月17日より現地調査を実施し、被災地の状況を撮影した。この日より定期的にモノクロ、カラーの空中写真を撮影し、ロールフィルムを保管した。これらは防災科研が著作権を有しており、権利処理が容易であった。

　新潟地震発生から50年後の2014年6月5日に、災害資料の共有・利用を促進するために、地理情報を付与し、「1964年新潟地震オープンデータ特設サイト(http://ecom-plat.jp/19640616-niigata-eq/)」(図3)としてインターネット公開した。なお、オープンデータは、「国、地方公共団体及び事業者が保有する官民データのうち、国民誰もがインターネット等を通じて容易に利用(加工、編集、再配布等)できるよう、次のいずれの項目(1.営利目的、非営利目的を問わず二次利用可能なルールが適用されたもの、2.機械判読に適したもの、3.無償で利用できるもの)にも該当する形で公開されたデータをオープンデータと定義する。」[8]とされている。本サイトは、クリエイティブ・コモンズ・ライセンスのCC-BYとして公開し、防災科研のクレジットを表示する限り、再配布ならびに営利目的などの二次利用が可能なデータとして公開した。

　このように、過去の災害記録を、現在の技術を活用することでWebの地図上に公開することができるようになっており、災害発生当時の技術では不可能であった災害記録の活用が実現し、Webを通して共有できるようになった。

　このサイトでは、スナップ写真とオルソモザイク空中写真のデータを公開

図3　1964年新潟地震オープンデータ特設サイト

している。

(1)　スナップ写真

　地震発生翌日の1964年6月17日13時頃から翌18日にかけて、新潟市内のうち信濃川沿岸の昭和大橋、万代橋、川岸町県営アパートを撮影したスナップ写真についてデジタルスキャンを行った。そのうち、特に撮影場所、時間が判明している27地点、合計54枚の写真については撮影地点を確定するために新潟市内で現地調査を行い、撮影場所と時間の情報を付与し、インターネット公開した。なお、データは「多様な利用を考慮して、高解像度用は

TIFF形式、低解像度用はJPEG形式」[9]でダウンロード可能である。

(2)　オルソモザイク空中写真

　空中写真は、防災科学技術研究所が地震直後の6月17日より撮影しており、モノクロとカラーの両方がロールフィルムと印画紙で保存している。1964年7月21日撮影のカラー空中写真75枚を公開している。空中写真フィルムは1270 dpiでスキャニングし、デジタルデータ化した後、SfM[10]を用いて地上解像度20 cmから40 cmの高解像度オルソ空中写真を作成し、オルソモザイク空中写真として処理したデータをWeb GIS[11]上に掲載し、WMS[12]、XYZタイル形式[13]で公開、API配信し、画像はGeo TIFF[14]形式、XYZタイル形式でダウンロード可能とした。

3-2-2　水害地形分類図[15]——水害ハザードマップの端緒となった地図

　水害地形分類図は、洪水を受ける地域の地形を重点的に分類し、その分類された地形要素およびその組み合わせの特色から、洪水の状態を推定する地形分類の主題図である[16]。沖積平野は洪水の繰り返しで土砂礫が堆積し形成される。そこで、平野の微地形を調べることにより、過去の洪水の状態が判明し、ひいては将来の洪水の予測につながる、という観点から作成されたものである。最初に作成された「木曽川流域濃尾平野水害地形分類図」(大矢雅彦、1956)(図4)で示した主にデルタに区分された地域と、1959年(昭和34年)9月26日の伊勢湾台風での実際の浸水地域がほぼ一致したことから始まっている。このことは、中部日本新聞(現中日新聞)で「地図は悪夢を知っていた」と報道された。その後、国会でも取り上げられ、国土地理院において「土地条件図」を作成するきっかけとなった。水害ハザードマップの重要性を示した最初の事例である[17]。

　この水害地形分類図は広く配布された資料ではなく、製作者の大矢氏から広く公開して欲しいという意思の下に自然災害情報室に寄贈を受けた。2003年からは所蔵リストをインターネット上で公開し、紙地図である現物資料の

図4　木曽川流域濃尾平野水害地形分類図

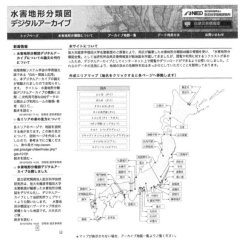

図5　水害地形分類図デジタルアーカイブ

閲覧サービスを行ってきたが、一点ものの資料であるため貸出対応ができなかった。そこで、インターネット上で閲覧やデータのダウンロードが可能な「水害地形分類図デジタルアーカイブ(http://ecom-plat.jp/suigai-chikei/)」(図5)を2016年3月3日に公開した。

なお、本デジタルアーカイブの公開にあたって行った資料発行者への利用許諾、測量法に基づいた測量成果の複製・資料承認、各地図の利用条件についての整理を以下に示す。二次利用には、資料発行者への利用許諾だけでなく、測量法に基づいた測量成果の複製・資料承認も必要である。また、すべての資料が自由に二次利用できるわけではないため、各地図の利用条件についての整理も必要であった[18]。

(1)　資料発行者への利用許諾

　水害地形分類図は、発行機関が国土交通省各地方整備局、国際連合など多岐にわたり、地図により公開、利用の形態が異なるため、インターネット公開にあたり、多数の資料発行者への利用許諾と、背景地図については、測量

法に基づく測量成果の複製承認の申請を要するものもあった。資料発行者への利用許諾は、作成当時の大矢氏の所属や地図作成機関の数が多く国内外に広がること、組織改編の追跡調査、類似の組織でも対応が異なるなど、連絡、許諾条件の整理に時間を要した。

この資料の利用申請対象となった地図は75枚である。利用許諾は、1.防災科研の利用、公開、2.二次利用の許諾に大別される。1はほぼすべての機関から了承が得られた。しかし、2は機関ごとにばらつきがあり、二次利用の条件は、①CC-BYや政府利用規約に準拠：36枚、②二次利用時には発行元への連絡・確認が必要：19枚、③国土地理院への連絡を要する：条件は、測量法第29条に相当する、3つに分類される。

(2)　測量法に基づく測量成果の複製・資料承認

水害地形分類図は、66枚が国土地理院の基本測量成果(地形図)を用いた地形分類図である。国土地理院の基本測量成果を用いた地図は、測量法に基づく測量成果の複製(第29条)、または測量成果の使用(第30条)に相当するが、第30条を得て作成された測量成果を利用する場合は新たな承認申請は必要ない[19]。すべての地図の承認番号を調べ、第29条複製承認に該当する資料の抽出と申請を実施した。

(3)　データの公開と二次利用条件の確認フロー

水害地形分類図デジタルアーカイブに収録されたすべての資料が自由に二次利用できるわけではない。そのため、データの利用方法について、確認フロー(図6)を掲載し、各地図の利用条件を明示した。また、デジタルデータ化するにあたり、水害地形分類図は大型の地図が多く、折り目が付いていたため、事前にしわのばしを行い、その後600 dpiでデジタルスキャンを実施した。スキャンデータはXYZタイル形式で配信し、二次利用可能なデータに関しては、TIFF、JPEG形式でのダウンロードを可能とした。

ここまで、二次利用可能なオープンデータと二次利用に関して制限が付く

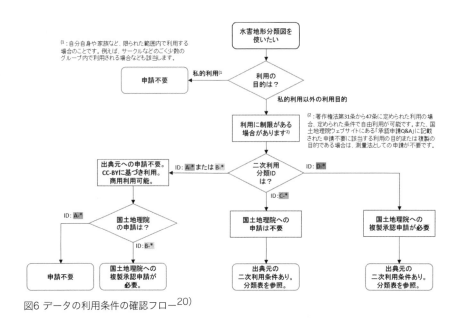

図6 データの利用条件の確認フロー[20]

事例を紹介した。資料のデジタル公開にあたり、最も労力と時間を要するのは情報の整理であり、二次利用の許諾である。過去の災害資料は将来の防災や減災に役立つ重要な資料であり、利用しやすく公開する必要性は明らかだが、それを利活用できるようにするためには、権利者の考えや測量法の適用等により、資料によって多様な手続きが生じることに留意する必要がある。

3-2-3　企画展における災害資料デジタルアーカイブの公開

　大正関東地震(関東大震災)、カスリーン台風、伊勢湾台風など過去に大きな被害をもたらした災害については、50年、60年、80年という節目に企画展を開催し、災害資料デジタルアーカイブを公開した。ここでは、伊勢湾台風と大正関東地震(関東大震災)について、企画展で公開されたデジタルアーカイブを紹介する。

(1) 伊勢湾台風企画展

　伊勢湾台風は、その及ぼした被害の甚大さとその後制定された災害対策基本法の契機となった災害であることから、戦後日本の防災行政を決定づける契機となった災害である。「災害は忘れた頃にやってくる」と言われるが、伊勢湾台風の高潮災害についてもそういった懸念が感じられたこともあり、防災科研では1959年9月26日の伊勢湾台風から50年目の2009年9月26日に伊

図7　伊勢湾台風50周年特別企画展HPトップページ

勢湾台風50周年特別企画展をWeb公開した(図7)。近年の台風のスーパー台風化を鑑みるとき、最低気圧895 hPaの伊勢湾台風は、今後の台風に対する備えを考える際に極めて重要であると考えられ、災害を忘れないためには、機会をとらえて災害の実態を振り返り、その教訓を学ぶことが大切である。

　また、防災科研は、伊勢湾台風を契機に発足した研究機関であることから、伊勢湾台風災害に関する資料は特に力を入れて収集している。通常の書籍、報告書に留まらず、米軍が撮影した被災状況の空中写真や災害救援の記録映像、研究者が撮影した伊勢湾台風被害調査のカラー写真など、貴重な調査資料も所蔵している。

　その他、自然災害情報室独自の資料として、名古屋市図書館等の所属リストから、伊勢湾台風関係資料を抽出して目録を作成し、可能なものは現物入手し、入手不可能なものは表紙や目次の複写を行った「伊勢湾台風災害資料目録」[21]がある。

　これらの資料は自然災害情報室で閲覧することができるが、一般利用者への貸出は行っていなかったため、より利用しやすく利便を図るために、一部の写真や映像などの資料をデジタル化し、Web[22]で公開している。

　なお、撮影地点が不明の映像については、利用者からの情報提供を呼びかけている。また、このHPでは資料の公開だけでなく、学習頁(「台風から学ぶ」)やリンク集などもあり、より総合的に伊勢湾台風災害を学べるよう構成されている。今後は体験談等の掲載など、拡充を検討している。次世代へ災害教訓を残すため、災害アーカイブとして今後もHP掲載を続ける予定である。

(2)　1923年関東大震災特別企画展

　自然災害情報室では、2012年9月に開催した「1923年関東大震災企画展」の災害資料を展示している。この展示では、関東大震災に関する未発見資料「日本電報」の高解像度PDF(一部)をはじめ、関連する各種資料が公開された(図8)。入手した「日本電報」は、日本電報通信社が日本国内から発信した通

図8　日本電報至急報(赤色用紙、1923年9月2日急之一、二)

　信文を中国の大連支局で受信し、邦字新聞社等に販売した印刷通信物で、防災科研の分析を通して、日本電報通信社の情報の流れと、日本電報の情報の初出時間が明確で、東京市内に限れば、詳細な場所情報が記載された資料であることが判明している。今後、これらの情報と他の資料を照合することにより、関東大震災時におけるタイムラインを作成し、当時の被害状況の更なる解明につなげられると考えている[23]。

　また、関東大震災では数多くの災害写真が残されている。当時撮影された写真は、絵葉書や写真として販売された。自然災害情報室では、これらの災害写真を分析し、撮影場所を特定、現在はどのような姿になっているのか調査し、公開した[24](図9)。

図9　横浜市港内岸壁陥没

以上みてきたように、過去の大規模災害については、災害から50年など
の節目に、企画展を開催し、デジタル化が可能な資料についてはデジタル化
を行い、Web公開している。また、未発見資料が発掘された場合は、その分
析を通して、災害当時の被害状況の更なる解明につなげる試みを行っている。

4　災害事例データベースの構築と可視化

　ここまで収集・整備・発信されたデジタルアーカイブをみてきたが、防災
科研では収集した災害資料のインデックスを作成するために、日本全国の
「災害事例データベース」を構築し、そのデータベースをもとにWeb地図上
に「災害年表マップ」として可視化する取り組みを行っている[25]。

4-1　自然災害事例の網羅的なデータベースの構築

　収集した災害資料をより使いやすくするために、防災科研では「災害事例
データベース」の構築を行っている。日本全国の過去の災害事例を市区町村
単位で情報を整理し、各種災害に関する知見を見出すとともに、災害写真や
文献など他の情報との連携が可能なデータベースとして構築している。災害
事例データベースは日本全国、歴史上の記録に残る自然災害事例を網羅し、
災害事例の「インデックス」となることを目標に整備を進めている。2018年8
月現在、全国1,742自治体のほぼすべてを網羅し、整備した事例データは約
58,000件である。災害事例データベースの内容は「いつ」、「どこで」、「どの
ような自然災害が」、「いかなる被害が」発生したのか、という内容を8分類、
280項目に情報を抽出し、格納している。対象となる自然災害は、地震災害、
火山災害、風水害、斜面災害、雪氷災害、その他の気象災害の6分類32項目
である[26]。

4-2　データベース可視化としての災害年表マップ

　災害事例データは膨大なため、簡単に災害事例情報を表示し、把握する

230 ──────── 第3部　未来のためのデジタルアーカイブ

ために、日本全国の過去1,600年間、約58,000レコードの災害事例を、GISを用いてWeb地図上に可視化する「災害年表マップ(http://dil-db.bosai.go.jp/saigai2016/)」(図10)を2016年8月31日に公開した。災害年表マップは、災害事例の発生自治体の地点をWeb地図上に表示し、発生年ごとに面的な災害発生の広がりを表現したものである。災害年表マップの事例情報は、発生年ごとに市区町村単位で集計し、地図上には、市区町村の代表点に災害種別を示すアイコンとして表示される。同時に、ユーザーが指定した西暦における災害の年表も表示され、アイコンをクリックすることにより、個々の事例の詳細情報として、被害と現象について記載したカルテ(PDF)を表示することができる。また、ほかのWeb地図に重ねて表示することが可能なWeb-APIによる配信機能を持つ。

図10　災害事例データベースを可視化した災害年表マップ

本取り組みの狙いは、Webアプリによる情報提供によって、誰でも簡単に過去の災害事例を調べることができる環境を提供することである。これを発展させて、自分が住む地域の、過去に被害を引き起こした自然災害の存在を認知可能にすることにより、防災意識の向上や、具体的な対策のアクションにつなげるようなコンテンツを目指している。

4-3　過去の自然災害事例を整理し、マッピングすることで分かること

地域の防災対策を立てるためには、過去の災害発生状況を把握することが重要である。歴史的にみても、自然災害は同様の被害を繰り返している。このことから、地域が過去に経験した災害事例は、今後起こりうる災害リスクの大きさを推定し、対策を考える上で有用な情報となる。しかしながら、過去の災害事例を明らかにするためには、専門性の高い膨大な各種資料の調査を必要とする。このため、過去の複数の自然災害について「いつ」、「どこで」、「どのように」災害が発生したのかを調べ、これらの性質を悉皆的に把握することは簡単なことではない。これまで行われた災害事例を発信する取り組みには、例えば「四国災害アーカイブス(2016)」や「地域の砂防情報アーカイブ(広島県、2016)」が挙げられる。前者は四国地方における自然災害や火災に関するWebデータベースで、その出典は主として郷土資料であり、Web上で原資料の閲覧が可能である。後者は、広島県の斜面災害に特化したコンテンツである。Web地図上に、土石流の範囲や、災害時の写真を表示する機能がある。これらのサイトは、原資料や災害の詳細な情報を閲覧できることが特徴的であるが、特定の地域や災害種別に特化している。このため、全国規模で過去の災害事例を俯瞰することが難しい。いずれにせよ、こうした既存の試みは、専門性の高い調査を行わずとも、誰もが地域の過去の自然災害を知ることができるため、有意義である。

こうした流れを受けて、災害年表マップでは、対象地域および対象とする災害種別を広げることにより、災害事例を同一の様式で整理した。これにより、1)災害発生地域の分布、2)広域的な災害発生数の粗密、3)年ごとの発生

頻度、4)大規模災害の面的な広がりや影響範囲を視覚的にとらえることができるようになった。

　なお、災害年表マップで表示する災害事例情報は、災害事例のデータベースから被害状況について抜粋し、簡略化したものであり、その主な機能と特徴は以下のとおりである。

a)災害が発生した地区の分布を表示

　　災害事例は市区町村ごとに集約されているため、発生場所を示すアイコンは市区町村の庁舎の位置を代表点として表示する。

b)災害事例の詳細を表示

　　地図上の災害事例アイコンをクリックすると、その年に発生した災害の被害情報を表示し、さらに「事例カルテ」として表組されたPDFファイルを提供する。

c)任意の年の災害事例の一覧表示

　　発生年ごとに発生地点が地図上に表示され、日付、発生自治体名称、災害名称の簡易年表を一覧できる。

d)情報のAPI配信

　　災害年表マップに掲載している情報は簡易APIで情報を配信しているため、他のWebシステム等に引用することが可能である。現在、地域防災WebとAPI連携している。

　このように、災害事例を地図上で可視化することにより生じた利点は、以下の4点である。

1)地理的な分布の概要の把握

2)広域で見た時の発生数の粗密

3)年ごとの災害頻度の概略

4)災害の面的な広がりを視覚的にとらえられること。例えば、1923年大

正関東地震や1959年伊勢湾台風では、災害の発生地域が災害名称、に冠する地域以外にも広がっていることや、発生した災害によって二次災害を生じたことなどを捉えることができる。

4-4 災害年表マップの課題と展開

災害年表マップの課題として以下の3点があげられる。

a) 災害発生地点情報がない

　災害年表マップでは、原典資料から正確に災害発生地点情報を読み取ることができないため、庁舎の位置が災害発生地点の代表情報となっている。

b) 災害情報の正確な粗密性を示していない

　市区町村の庁舎を災害発生地点として表示しているため、各市区町村内の本来の災害発生地点の粗密性を「災害年表マップ」上に正確に示すことができない。

c) アイコンの位置が災害発生場所を示していないことに対するユーザーへの注意喚起が必要

　マップ上で示されたアコインは正確な発生地点を示していないが、ユーザーはアイコンの位置を災害発生地点として認識する可能性が高いため、表現に配慮が必要である。

　これまで災害年表マップを通して、6万件近くの自然災害事例を可視化し、これにより災害(事例)の発生数の粗密や年ごとの災害発生状況と災害の面的な広がりを把握できるようになった。

　今後、事例情報が少ない地域の災害事例データベースの整備、災害事例の統計的・地理的な解析による災害経験の活用手法を検討し、日本全体が空間的・時間的に俯瞰できるようにし、日本全国で過去の災害事例を活用し、事前対策ができるようにしていく予定である。

5　自然災害のデジタルアーカイブの課題と今後の展望

5-1　自然災害のデジタルアーカイブの課題

　自然災害のデジタルアーカイブの課題については、内閣府(防災担当)の「大規模自然災害情報の収集・保存・活用方策に関する検討会」が多角的な観点から検討した結果を報告している[27]。この報告は、これまで防災科研自然災害情報室が取り組んできた自然災害のデジタルアーカイブの課題についてもほぼ網羅している。本稿では防災科研が取り組んだデジタルアーカイブの取り組みをふまえ、内閣府(防災担当)の検討会報告と重複する点もあるが、重要であると考えられる点については、敢えて引用し、これまでの取り組みをふまえた課題を3点改めて示す。

　まず、自然災害に関するアーキビストの不足があげられる。自然災害の現象を理解したうえで、資料をアーカイブすることができる人材が少ないこと、そしてそのアーキビストをとりまとめるディレクターが不足している。内閣府(防災担当)の報告では、「膨大な災害情報にメタデータを付与するための専門性やノウハウの蓄積が不十分」であることが指摘され、「災害情報を効果的に活用するための企画・提案(キュレーション)を行うなど、災害対応に係る研究者との連携を図ることができる人材(アーキビスト)を戦略的に養成」し、AIの活用や「ビッグデータ解析等が実際に活用された場合に将来に向けてそのデータを適切に保存するため」に、「データサイエンティストと連携するための知見を有する必要」があると指摘されている。しかしながら、現在は、この要求水準に達している人材は、ほとんどいないと言ってよい状況であり、現実と最も乖離している課題であり、今後の人材養成・育成が待たれる課題であるといえるだろう。

　次に、アーカイブの目的を明確にする必要がある。自然災害の資料を収集、整備し、活用することがアーカイブの目的である。大規模災害後に自然災害資料の収集を始めると、資料の収集自体が目的化することがあるが、資料の収集だけがアーカイブの目的ではない。収集した資料を整理し、災害教訓と

することや防災教育に活かすことを目的とすることをアーカイブの前提としなければならない。そもそも何のためのアーカイブするのか、「災害情報アーカイブの意義と必要性」を認識・共有したうえで、アーカイブを行う必要がある。

　最後に、災害デジタルアーカイブを災害教訓や防災教育での活用だけでなく、行動を促すアーカイブとして進化させ、デジタルアーカイブの利活用を進める必要がある。そのためには、災害写真などが撮影された地域、すなわち災害が発生した地域のコンテクスト（災害の危険性を含む地域特性）が、写真とともに表示され、把握できるようにする必要があるだろう。さらに、それを閲覧した人々が、過去の災害を「わがこと」と思えるように、災害の危険性を含む地域特性が類似した地域や地区であることを認識できるような仕組みが必要であると考える。こうすることで、写真などの災害情報が、その災害が発生した地域の特性と結びつき、どのような地域特性をもつ地域で、災害が発生したかを閲覧者は理解することが可能になる。

5-2　自然災害デジタルアーカイブの利活用と今後の展望

　防災科研自然災害室では、これまで50年以上にわたって、災害資料を収集、整備、発信してきた。今後、さらに他の機関との連携やアーカイブに関する知見の発信や共有をすすめ、自然災害デジタルアーカイブを実際の災害が実感でき、災害発生前に避難行動などを促すアーカイブとしての進化を目指したいと考えている。それには、前述のとおり、災害の危険性を含む地域特性の把握が必要であるが、防災科研では地域防災Web (https://chiiki-bosai.jp) が、市区町村別に人口、高齢化率、財政力指数などの社会指標、災害の危険性や過去の災害履歴やハザード情報を提供している。既に、「災害事例データベース」とはAPI連携しており、2019年4月15日より、国立国会図書館東日本大震災アーカイブ「ひなぎく」とAPI連携し、災害アーカイブを地域特性等の情報と結びつけて把握できるようにした。

　また、防災科研では、近年発生した常総水害、熊本地震、九州北部豪雨、

西日本豪雨、北海道胆振東部地震などの大規模な災害については、防災科研クライシスレスポンスサイト（http://crs.bosai.go.jp）において、Web GIS を活用した情報の発信を行っており、個々の災害がどのような特徴をもち、被害をもたらした災害であるかが把握できるようになっている。このクライシスレスポンスサイトが、自然災害アーカイブにフィードバックされ、災害のアーカイブとして蓄積される仕組みが構築されつつある。

　最後に、ここまでみてきた自然災害資料のアーカイブとデジタルアーカイブのノウハウを今後災害が発生した際に活かしたいと考えている。被災地の図書館などでは災害資料を収集し、災害の記録、地域の記録として後世に残すことを考える。しかし、多くの図書館にとって、災害（あるいは災害資料）のアーカイブは初めての経験である。新たな被災地となる図書館等が活用できるように、アーカイブ経験のある図書館や研究機関と共に前例となる知見を集約するなど、被災地の災害資料アーカイブ収集・整備の一助となる支援や支援する取り組みを開始し、今後も継続していきたいと考えている。

注
1)　堀田弥生・鈴木比奈子・臼田裕一郎「災害資料アーカイブ機関間の連携」『日本災害情報学会 第19回研究発表大会予稿集』266-267（日本災害情報学会、2017）
2)　鈴木比奈子「集めた災害資料を防災に活かす ── 自然災害情報室の取り組み」『第55回自然災害科学総合シンポジウム予稿集』73-76（自然災害研究協議会、2018）
3)　堀田弥生・鈴木比奈子・内山庄一郎「自然災害情報室における災害資料の最適な配架手法について」『日本災害情報学会 第14回研究発表大会予稿集』26-29（日本災害情報学会、2012）
4)　津波ディジタルライブラリィ　http://tsunami-dl.jp（2019年11月15日現在）
5)　鈴木比奈子「防災科研の災害資料デジタルアーカイブ ── 災害記録のより広い収集と利用に向けて」『月刊地理2018年4月号』40下段5行〜11行（古今書院、2018）
6)　鈴木比奈子「防災科研の災害資料デジタルアーカイブ ── 災害記録のより広い収集と利用に向けて」『月刊地理2018年4月号』41下段（古今書院、2018）
7)　田口仁・内山庄一郎・鈴木比奈子・臼田裕一郎「過去の災害事例のオープンデー

タ化の試み──『1964年新潟地震オープンデータ』の開設」『日本災害情報学会第16
回大会予稿集』90-91.および、鈴木比奈子「防災科研の災害資料デジタルアーカイブ
──災害記録のより広い収集と利用に向けて」『月刊地理 2018年4月号』41-43.をも
とに作成した。

8)　オープンデータ基本指針(平成29年5月30日高度情報通信ネットワーク社会推
進戦略本部・官民データ活用推進戦略会議決定) https://www.kantei.go.jp/jp/singi/it2/
kettei/pdf/20170530/kihonsisin.pdf(2019年1月17日現在)

9)　田口仁・内山庄一郎・鈴木比奈子・臼田裕一郎「過去の災害事例のオープンデー
タ化の試み──『1964年新潟地震オープンデータ』の開設」『日本災害情報学会第16
回大会予稿集』90

10)　SfMは、ある対象を撮影した複数枚の写真から、対象の形状を復元する技術。

11)　Web GISは、地理情報システムを、インターネットを使って操作できるようにし
たシステム。

12)　WMSは、地図の画像をURLのパラメータにより取得する国際標準のインタ
フェース。

13)　タイル状に分割された地図を取得するインタフェース。XYZタイルは、国土
地理院の地理院タイルと同様の方式。詳細は、国土地理院地理院タイル仕様 http://
maps.gsi.go.jp/development/siyou.html(2019年1月17日現在)を参照のこと。

14)　Geo TIFFは、位置情報を持った画像ファイル。

15)　水害地形分類図については、鈴木比奈子「防災科研の災害資料デジタルアーカイ
ブ──災害記録のより広い収集と利用に向けて」『月刊地理 2018年4月号』43-45(古
今書院、2018)をもとに作成した。

16)　故大矢雅彦早稲田大学名誉教授が編著されたもので、水害地形分類図を防災に
資するため、広く一般に役立てたいという先生のご意向と自然災害情報室の目的が
合致したことから、2002年に防災科学技術研究所にご寄贈いただいたものである。

17)　大矢雅彦『地形分類の手法と展開』120(古今書院、1983)

18)　測量成果の複製・使用申請については、田口仁・鈴木比奈子・佐野浩彬・臼田
裕一郎・堀田弥生「水害地形分類図デジタルアーカイブの構築と公開──二次利用
可能なGISデータの公開および利用ルールの整備」28-29 (GIS–理論と応用、26(1)、
2018)に詳しい。

19)　測量法 第29条(測量成果の複製)
　　基本測量の測量成果のうち、地図その他の図表、成果表、写真又は成果を記録し

た文書(これらが電磁的記録(電子的方式、磁気的方式その他人の知覚によっては認識することができない方式で作られる記録であって、電子計算機による情報処理の用に供されるものをいう。以下同じ。)をもつて作成されている場合における当該電磁的記録を含む。第43条において「図表等」という。)を測量の用に供し、刊行し、又は電磁的方法であって国土交通省令で定めるものにより不特定多数の者が提供を受けることができる状態に置く措置をとるために複製しようとする者は、国土交通省令で定めるところにより、あらかじめ、国土地理院の長の承認を得なければならない。

測量法 第30条(測量成果の使用)

基本測量の測量成果を使用して基本測量以外の測量を実施しようとする者は、国土交通省令で定めるところにより、あらかじめ、国土地理院の長の承認を得なければならない。

2　国土地理院の長は、前項の承認の申請があつた場合において、次の各号のいずれにも該当しないと認めるときは、その承認をしなければならない。

一　申請手続が法令に違反していること。

二　当該測量成果を使用することが当該測量の正確さを確保する上で適切でないこと。

3　第1項の承認を得て測量を実施した者は、その実施により得られた測量成果に基本測量の測量成果を使用した旨を明示しなければならない。

4　基本測量の測量成果を使用して刊行物(当該刊行物が電磁的記録をもつて作成されている場合における当該電磁的記録を含む。以下この項及び第44条第4項において同じ。)を刊行し、又は当該刊行物の内容である情報について電磁的方法であって国土交通省令で定めるものにより不特定多数の者が提供を受けることができる状態に置く措置をとろうとする者は、当該刊行物にその旨を明示しなければならない。

20)　データの利用条件の確認フロー、二次利用に関する条件については、http://ecom-plat.jp/suigai-chikei/index.php?gid=10024(2019年1月16日現在)を参照のこと。

21)　現存する資料が少ないことから、資料の所在確認を調査の中心として行われ、2次資料として役立つことを目的に作成されている。現在、資料目録は、https://dil.bosai.go.jp/disaster/1959isewan/material/shiryo_list1.html(2009年7月現在)が公開されている。

22)　昭和34年9月26日台風15号伊勢湾台風50周年特別企画展http://dil.bosai.go.jp/disaster/1959isewan/(2019年1月17日現在)

23)　鈴木比奈子・内山庄一郎・堀田弥生「1923年関東大震災に関する未発見資料「日

本電報」の発見とその解析」『第15回日本災害情報学会大会予稿集』(日本災害情報学会、2013)

24) 1923年関東大震災関連資料：災害写真。https://dil.bosai.go.jp/disaster/1923kantoeq/pdf/caption_er.pdf (2018年11月18日現在)

25) 「災害事例データベースの構築と可視化」は、鈴木比奈子・内山庄一郎・臼田裕一郎「過去1600年間の災害事例を可視化する――災害年表マップの既公開」『第18回日本災害情報学会大会予稿集』(日本災害情報学会、2016)をもとに作成した。

26) 災害事例データベースの項目や掲載内容については、鈴木比奈子「集めた災害資料を防災に活かす――自然災害情報室の取り組み」『第55回自然災害科学総合シンポジウム予稿集』73-76(自然災害研究協議会、2018)に詳しい。

27) 内閣府(防災担当)大規模災害情報の収集・保存・活用方策に関する検討会「大規模自然災害情報の収集・保存・活用方策の方向性について(報告)平成30年2月」。

参考文献

防災科学技術研究所「写真でみる災害年表と研究所の沿革　防災科学技術研究所45年のあゆみ【抜刷】」(防災科学技術研究所、2009)

大矢雅彦『地形分類の手法と展開』(古今書院、1983)

大矢雅彦他『地形分類図の読み方・作り方』(古今書院、1998)

鈴木比奈子「防災科研の災害資料デジタルアーカイブ――災害記録のより広い収集と利用に向けて」『月刊地理2018年4月号』(古今書院、2018)

田口仁・鈴木比奈子・佐野浩彬・臼田裕一郎・堀田弥生「水害地形分類図デジタルアーカイブの構築と公開――二次利用可能なGISデータの公開および利用ルールの整備」(『GIS-理論と応用』26(1)、2018)

第10章

記憶の解凍
資料の"フロー"化とコミュニケーションの創発による記憶の継承

渡邉英徳

1 はじめに

　本稿では、社会において"ストック"されていた資料を"フロー"化し、そこから創発するコミュニケーションによって情報の価値を高め、記憶を未来に継承する営み＝「記憶の解凍(Rebooting Memories)」について解説する(図1、図2(口絵(1)頁)参照)。なお本稿は、筆者らの既発表の論文[渡邉2018](CC-BY 4.0で公開)をベースに、加筆修正を施したものである。

図1　「ヒロシマ・アーカイブ」

1-1 できごとの「実相」とデジタルアーカイブ

　Googleのイメージ検索機能を用いて、「Fukushima」というキーワードで画像を検索すると、原発事故に関する画像と、「千葉」のプラント火災や「津波のシミュレーション」結果などの画像が混在して表示される（図3）。

　ウェブにおいては、ショッキングな画像が人気を集める傾向がある。この例では、強烈な印象をあたえる画像群が、「Fukushima」のイメージをつくりだしている。それは「原発事故で放射能汚染された恐怖の地」といった、単純かつ一面的なイメージである。福島第一原発事故は、世界中の大多数の人々にとって時間的・空間的に「遠い」できごとであるために、そのイメージの妥当性が問われることはない。検索キーワードと本来は結びつかない「誤った」検索結果は、人々の誤解を強化しながら、一面的なイメージをより強固なものにしていく。

　このように時が経つにつれて、7年前に発生した災いのイメージは一面的になり、その多面的な「実相」［湯崎1978］は伝わらなくなる。さらに長い時を

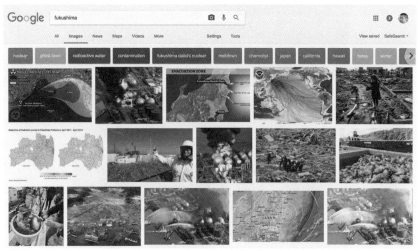

図3 「Fukushima」Googleイメージ検索結果[1]

経過した戦争などのできごとについては、その傾向はより強くなる。時が経過するほどに、周囲の時空間とできごとの距離は遠ざかり、その実感は薄れていくだろう。その結果、誤解をはらんだ一面的なできごとのイメージが社会に溶け込んでいき、その「実相」は不確かなものになっていく。

　過去のできごとの多面的な「実相」を伝えるためには、可能な限り真正な資料を、多面的に網羅する必要があるだろう。近年構築されているデジタルアーカイブは、オーソライズされた多面的な資料を網羅していることから、その基盤となりえるものである。しかし既存の事例においては、資料の記録と保管に主眼が置かれ、十分な利活用が図られていないことも指摘されている[今村、柴山、佐藤 2014]。この点を解決するために、アーカイブされた資料が持つ価値を社会にアピールし、利活用へのモティベーションを形成することが求められる。

1-2　記録の“フロー”化と未来への継承

　ケヴィン・ケリーは、現代社会におけるコンテンツの価値の一側面を「FLOWING」と定義する。「FLOWING」とは、アーカイブ化＝“ストック”されたデータのみならず、そうしたデータのコピーを前提とした“フロー”を情報デザインによって生成し、コミュニケーションを創発することによって、情報の価値を高めるというコンセプトである[ケリー2016]（以下引用：下線は筆者）。

　　“われわれの関心は、形のある品々から手に触れられないコピーのようなモノの流れに移っている。モノを構成する物質だけでなく、その非物質的な配置やデザイン、さらにはこちらの欲求に応じて適応し流れていくことに、われわれは価値を見い出すのだ。”

　　“われわれは常にツイッターの流れやフェイスブックのウォールに流れる投稿を注視している。写真や映画や音楽をストリーミングで楽しんでいる。（中略）流れの中のある瞬間に対してタグ付けしたり、「いいね！」

や「お気に入り」を付けたりしている。"

このように、社会に"ストック"されていたデータを、リアルタイム性を帯びた"フロー"に変化させることで、コミュニケーションが創発し、コンテンツの価値が高まると主張されている。こうした「FLOWING」のコンセプトを、デジタルアーカイブに保管された資料に適用することもできる。つまり、固体のように"ストック"されていた資料を、適切な情報デザインによって、ユーザの周りを流れる液体のような"フロー"に変化させる。そして、創発したコミュニケーションにより情報の価値を高め、できごとの「実相」に込められた記憶を、未来に継承するのである。本稿では、この営みを「記憶の解凍（Rebooting Memories）」と定義する。

2　多元的デジタルアーカイブズ

2-1　"ストック"されていたデータの"フロー"化

筆者らはこれまでに「ヒロシマ・アーカイブ[2)]」をはじめとする、戦災・災害をテーマとしたデジタルコンテンツを制作してきた。この手法では、散在する多元的なデータをVR空間のランドスケープに紐付けて、各々の「つながり」と「コンテクスト」を顕らかにする。同じデータをAR空間にも表示し、過去と現在の「つながり」を、よりわかりやすく示す。このようにして、ばらばらの粒子のように"ストック"され、固化していたデータが結び付けられ、液体のように一体化し、流れる"フロー"となる。その"フロー"は、ユーザの手元にあるデジタルデバイスを通して身の周りの時空間に溶け込み、ユーザとともに未来へ流れていく。筆者らはこれを「多元的デジタルアーカイブズ」と呼んでいる。「ヒロシマ・アーカイブ」は、その実装例の一つである。

「ヒロシマ・アーカイブ」では、広島平和記念資料館、広島女学院同窓会、中国新聞社、国土地理院など14のアーカイブから取得したすべてのデータが、オープンソースのデジタルアース・ソフトウェア「Cesium」[3)]のVR空間

にマッピングされ、一括表示される。このデザインによって、ユーザは資料同士の位置関係と「つながり」を把握することができる(図4、図5)。次いでユーザは、ズームイン・アウト操作によって、VR空間に再現された「ヒロシ

図4　全資料が一括表示された状態

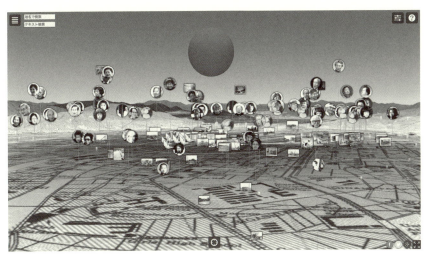

図5　ランドスケープと全資料の重層

マ」を探索しながら、個々の資料にアプローチする。こうした空間移動・場所移動をともなうユーザ体験は、資料の「コンテクスト」を顕らかにし、それぞれを結合する。

　例えば、1945年の広島市街地図に記された「Girls' High School」(現：広島女学院中学高等学校)の場所にズームインすると(図6)、多数の証言がひとところに集まっている。そして、そこに表示されているのは、すべて女性の顔写真である。これらのことから「女学校の生徒たちがいちどきに被爆した」という「コンテクスト」と、それぞれの資料の「つながり」が表現される。次いで、被爆直後の航空写真と現在の空中写真を切り替える(図7、図8)と、焼け野原の「ヒロシマ」と、復興を遂げた「広島」が、同じ視野のなかで重ね合わされる。このことによって、遠い過去のできごとと、ユーザの身の周りのランドスケープとの「つながり」が表現される。

　写真資料は、推定されたカメラパラメータに基づき、ランドスケープに重層表示される。図9において、フレームの外側には現在の「広島」の、内側には終戦直後の「ヒロシマ」の風景が存在し、視覚的に接続されている。このことにより、ユーザはふたつの時代の風景を単一の視点から眺めることになる。つまり、写真資料が「過去への窓」となり、タイムマシンのように機能するのである。さらに、写真＝過去の風景と、ストリートビュー＝現在の風景を比較することもできる(図10)。こうしたデザインによって、写真の「コンテクスト」が表現され、被写体である「ヒロシマ」と現在の「広島」が、ユーザの意識のなかで「つながって」いく。

　また「ヒロシマ・アーカイブ」はスマートフォン向けのアプリとしてもリリースされており、誰でもダウンロードすることができる。すべての資料は、スマートフォンのカメラを通したAR空間にも表示される。この機能によって、資料の「コンテクスト」が直接的に表現される。例えば、図6〜図8と同じ場所でアプリのARビューを起動すると、広島女学院周辺の風景に、被爆者の証言が重ね合わされて表示される(図11)。

　現在の広島女学院は、幹線道路に面しており、背後に高層ビルが立ち並ん

図6 多数の女性の証言

図7 被爆直後の空中写真との重層

図8 現在の空中写真との重層

図9 ランドスケープと写真資料の重層

図10 写真資料とストリートビューの比較

図11　広島女学院周辺のARビュー

でいる。この風景には、原爆投下直後のようすを偲ばせる要素は見当たらない。ARビューに浮かぶ被爆者の顔写真の「コンテクスト」は、見慣れた風景の裏側にある、かつてここで起きたことをユーザが読み取り、記憶を辿るためのトリガーとして機能する。この効果により、ふたつの時代の「つながり」が顕在化する。

　ここまでに説明したように、「多元的デジタルアーカイブズ」においては、散在していた多元的なデータがVR空間のランドスケープに関連付けられ、各々の「つながり」と「コンテクスト」が顕らかになる。同じデータはAR空間にも表示され、過去と現在の「つながり」が、よりわかりやすくなる。このようにして、ばらばらの粒子のように"ストック"され、固化していたデータが結び付けられ、液体のように一体となって流れる"フロー"となる。その"フロー"は、ユーザの手元にあるデジタルデバイスを通して身の周りの時空間に溶け込み、ユーザとともに未来へ流れていくのだ。

第10章　記憶の解凍｜渡邉　　　249

2-2　過去における時間の流れ＝"フロー"の視覚化

筆者らが作成した「沖縄戦デジタルアーカイブ[4]」と「震災犠牲者の行動記録[5]」においては、データに潜在する人々の「動き」をアニメーション表現することにより、過去における時間の流れ＝"フロー"を、より直截的に視覚化している。

「沖縄戦デジタルアーカイブ」では、1945年3月から6月にかけての、戦争体験者の移動が視覚化される。ある人は本島の北部へ、ある人は南部へと逃れる。その傍ら、離島から別の離島に向けて、米軍の船で移送されていく。そして6月後半にかけて、人々は追い立てられ、摩文仁の丘周辺に集まっていく。23日に戦闘が終結し、本島の南端に集まった人々はやがて、各地の捕虜収容所へ移送される。こうした沖縄戦の「経過」が、ランドスケープ上の「動き」として表現される（図12）。

「震災犠牲者の行動記録」においては、東日本大震災における犠牲者の移動が視覚化される。避難所に集まる人々、郊外から街なかに家族を迎えに来る人々、自宅にとどまる人々らの軌跡が、ランドスケープ上に描かれる。地震発生から津波到達までの間に、震災で亡くなった人々がどのように「行動」したのか。その過程が「動き」として表現されている（図13）。

これらの事例では、データに潜在する人々の「動き」がアニメーション表現されることにより、過去における時間の流れ＝"フロー"が、より直截的に視覚化される。このことにより、現在と過去の時間の流れ＝"フロー"が接続され、ユーザの意識のなかで、ふたつの時代が溶け合い、流れていくことになる。

3　記憶のコミュニティ

第2節で説明した「多元的デジタルアーカイブズ」は、ばらばらの粒子のように"ストック"されていたデータを「つながり」と「コンテクスト」によって結び付け、液体のようにまとまった"フロー"に変化させる。しかし1.2で述

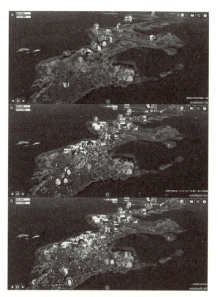 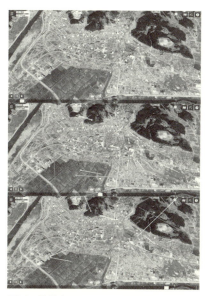

図12　沖縄戦体験者の動きの視覚化　　図13　陸前高田における震災犠牲者の動きの視覚化

べたように、記憶を未来に継承していくためには、そこから「コミュニケーションが創発する」しくみが必要になる。広島では、「ヒロシマ・アーカイブ」を源流としたボトムアップの運動体が生まれ、コミュニケーションを創発しながら、記憶継承の活動を展開している。筆者らはこれを「記憶のコミュニティ」と呼んでいる。

3-1　「記憶のコミュニティ」の誕生

　筆者らは、「ヒロシマ・アーカイブ」の活動において、広島女学院高等学校の生徒たちと協力体制を築いている。この生徒たちは「ヒロシマ・アーカイブ」が生み出す"フロー"を日常的に体感し、コミュニケーションを創発するためのポテンシャルを備えている。

　生徒たちはこのポテンシャルを活かし、これまでに40名以上の被爆者と

図14 奥田武晴氏インタビュー(2014年)

コミュニケーションして証言を収集し、「ヒロシマ・アーカイブ」に収録している(図14)。つまり、高校生たちは、「ヒロシマ・アーカイブ」のよきユーザであり、クリエイターでもある。

　「ヒロシマ・アーカイブ」における証言収録は、創発的に進行する。そこでは、高校生と被爆者が肩を並べて語り合いながら、当時の記憶を引き出していく。「ヒロシマ・アーカイブ」のユーザ兼クリエイターとして、対等に被爆者とコミュニケーションすることによって、話者・聴衆といったヒエラルキーのない関係が生まれている。

　高校生たちのインタビューを受ける被爆者は、悲惨な証言内容とは対照的に、優しい表情を浮かべていることがわかる(図15)。若者たちとの創発的なコミュニケーションが、"凍りついて"いた被爆者の記憶を"溶かし"、語りを生みだす。こうした体験は、若者たちの記憶に強く刻まれる。若者たちはその後、「記憶を解凍」した体験をベースとして、自らのことばで「ヒロシマ」の記憶を語り継いでいくはずである。

　広島ではこのように、「ヒロシマ・アーカイブ」を源流としたボトムアップ

252 ── 第3部　未来のためのデジタルアーカイブ

図15 インタビューを受ける冨士本君一氏の表情

の運動体が生まれ、コミュニケーションを創発しながら、記憶を継承している。筆者らはこれを「記憶のコミュニティ」と呼んでいる。

「記憶のコミュニティ」においては、「多元的デジタルアーカイブズ」の"フロー"によってコミュニケーションが創発する。さらに、そこで得られた証言(=データ)が「多元的デジタルアーカイブズ」に還流され、"フロー"を成長・進化させる。こうして「多元的デジタルアーカイブズ」と「記憶のコミュニティ」は相補的にはたらき、「記憶を解凍」して未来に継承していく。

3-2 「記憶のコミュニティ」の進化

2011年の「ヒロシマ・アーカイブ」公開以降、高校生たちはインタビュー収録と編集を担当し、データをデジタルアースにマッピングする最終工程は、筆者らが担当してきた。こうしたトップダウン的な役割分担は、高校生たちの自負心を損ね、主体性を低下させていたおそれもあっただろう。

例えば、「ヒロシマ・アーカイブ」は、HTML、JavaScript、XMLなどの、オープンなウェブ技術で作成されており、こうした技術は、高校生にも十分に習得可能なものである。従って、インタビュー収録からデータのマッピングまでのすべてのプロセスを、高校生が担うことも可能なはずである。そこ

図16　ウェブ技術を学ぶ高校生たち

図17　被爆者、高校生、スタッフによる共同作業

図18 高校生たちによるアイデアダンプ

で筆者らは、高校生たちにアーカイブの更新技術を学んでもらうためのワークショップを、2014年に開催した。

筆者たちは当初、高校生たちにとってウェブ技術に触れる初の機会であることを考慮し、技術そのものの習得ではなく、まずは工程のイメージを掴んでもらうことを重視していた。そこで、XMLファイルの編集などの作業は、研究室のスタッフが担当するよう指示した。しかし当日、会場では想定外の状況が生まれた。高校生たちはスタッフに教わりながら、アーカイブを更新するための技術を自ら習得した(図16)。そして被爆者と、当日の体験について語り合いながら、証言のマッピング作業を始めた(図17)。

これは、生徒たちがすべてのプロセスを担当する、進化した「記憶のコミュニティ」である。このワークショップ以降、広島における「記憶のコミュニティ」は、新しいフェーズに移行したといえる。この状況は、テクノロジーが駆動する創発的・進化的な学習の重要性が指摘されている[リドレー2016]こととも符号する。

さらに2016年からは、高校生たち主体の「ヒロシマ・アーカイブ」の利活用ワークショップが実施されている(図18)。このワークショップでは、「ヒ

ロシマ・アーカイブ」を平和学習の現場において活用するためのあらたな企画を、学び手となる高校生たち自身が発案し、まとめている。

このワークショップの成果物のひとつである、「ワークブック」のプロトタイプを図19に示す。この「ワークブック」は、「ヒロシマ・アーカイブ」を用いた平和学習のフィールドワークをナビゲートする副読本であり、高校生たちの原案を大学院生がディレクションするかたちで共同制作しているものである。制作メンバーは実地検証を繰り返しながら、プロダクトの完成度を高めている(図20)。

また、視覚障がい者向けの「ヒロシマ・アーカイブ」の開発も進んでいる。高校生の発案に基づき、広島平和記念公園のバリアフリー度の検証、被爆遺構の音声ガイダンスの制作、遺構の触知モデルを3Dプリンタで出力する実験などが、大学院生とのコラボレーションによって進行している。

このように、平和学習の主体からボトムアップで生まれた発想が、テクノロジーに支えられた具体的な教材へと昇華し、実践において活用されはじめている。これは「自己進化する平和学習」の端緒であり、今後、より多角的で深い学びの機会が生まれていくだろう。また、「ヒロシマ・アーカイブ」における「記憶のコミュニティ」は、当初のミッションを継承しつつも、あらたなテクノロジーを取り入れ、進化している。「多元的デジタルアーカイブズ」が生む"フロー"の源流に、多様な人々のリソースが合流して、さらに大きな「流れ」="フロー"が生まれている。「記憶の解凍」の営みは成長・進化しつづけているのだ。

4　人工知能とのコラボレーション

筆者らは2016年より、デジタルアーカイブに"ストック"されていた「白黒写真」を、人工知能(AI)技術を応用して「カラー化」する試みをはじめた。さらに、カラー化写真をソーシャルメディアに共有して"フロー"をつくりだし、コミュニケーションの場を生み出している。この活動では、白

図19 「ワークブック」のプロトタイプ

黒写真がまとう"凍った"過去のイメージを、AI技術で"溶かし"、ソーシャルメディアを用いて"フロー"化することにより、「記憶の解凍」が行なわれる。この派生系として、カラー化した戦前の写真をもとにして、被爆者と若者たちが語り合う新たな活動も生まれている。

図20 「ワークブック」の実地検証

4-1　白黒写真のカラー化

戦前・戦中の写真はもっぱらモノクロフィルムで撮影されている。よって、

この時期のできごとは概ね、「白黒の静止画」で記録されている。スマートフォンのカメラを携え、日常を「カラーの動画」で記録する私たちは、白黒写真=「色彩と動きのないメディア」から、あたかも「凍って」いるような印象を受ける。

　第2節で説明した「多元的デジタルアーカイブズ」では、社会においてばらばらの粒子のように"ストック"され、固化していたデータを「つながり」で結び付け、"フロー"に変化させた。この前段階として、固化="凍って"いる白黒写真のデータをカラー化によって"溶かし"、"フロー"化しやすくすることはできないだろうか。そのためには、白黒写真をカラー化するための技術が必要になる。

　そこで筆者らは、2016年12月から、飯塚らの開発したAI技術[Iizuka, Simo-Serra, Ishikawa 2016]を応用し、デジタルアーカイブに"ストック"されている白黒写真のカラー化を始めた。この技術は、約230万組の白黒・カラーの画像を学習させたＡＩにより、白黒写真を自然に着彩するものである。ソフトウェアはウェブサービスとして公開されており、低解像度の写真であれば、誰でも簡単にカラー化することができる。また、ソースコードはオープンソース化されており、プログラミングの知識があれば、ローカル環境で高解像度の写真をカラー化することもできる。筆者らはさらに、ローカル環境でカラー化した写真を、資料をもとに画像処理ソフトウェアでレタッチし、可能な限り史実に近付けるとともに、自然な印象を与える工程を加えている。

　図21(口絵(1)頁参照)に「呉からみた広島原爆のきのこ雲」(尾木正己)の元写真・カラー化写真を示す。元写真ではグレーのグラデーションで表現されていた「過去」の空を、AIは「現在」の青空のように着色している。また、背景の山や海面などの自然の要素も、現在のそれと同様に着色されている。白黒写真がカラー化されることにより、「白黒=戦時中」と「カラー=現在」に分けられていた呉の街が、あたかも地続きになるようなイメージが湧く。

　図22と図23(いずれも口絵(2)頁参照)は、100年以上前の日本で撮影された白黒写真・カラー化写真である。元写真では、背景と同化し、静止していた人

物が、カラー化写真では生き生きと、前景に浮かび上がっている。カラー化によって、一世紀の「過去」を生きた人々が、「現在」を生きる私たちと同じ「人間」であったことが強調される。あらたに生じた「過去にひらく窓」を通して、向こう側の人々に思わず語りかけたくなるような衝動にかられる。

図24(口絵(2)頁参照)は、空襲で炎上する呉の街の白黒写真・カラー化写真である。元写真において"凍りついていた"炎熱や煙のにおいが、カラー化によって"溶かされ"、「よみがえって」いる。現在の私たちは、このような火災の写真を、ソーシャルメディアで頻繁に眼にし、おそろしさを感じている。「誰かの災い」がカラーで記録・共有されることにより、あたかも「自分ごと」のように近く感じられるのだ。これと同様に、カラー化された空襲の写真は、「過去」の人々の災いの恐怖を、「現在」の私たちにありありと伝えてくる。

筆者らはこれまでに、1,000枚以上の白黒写真をカラー化した。その経験を通して、"凍って"いた白黒写真の印象が、カラー化によって"溶かされ"、断絶された過去と現在が、地続きになるように感じている。カラー化された写真が持つこの効果は、デジタルアーカイブに"ストック"され、固化していた白黒写真のデータを"フロー"化しやすくするために、有用なものであろう。

4-2　ソーシャルメディアによる"フロー"の生成

筆者らは、4-1で説明したカラー化写真から"フロー"を生成するため、Twitterで随時シェアしている。ユーザからは大きな反響があり、多数のリツイートとイイネを受けている。活動開始から2017年12月まで約1年間における、筆者のツイートのインプレッション数の合計は「59.08M」である[8]。カラー化写真のものを含む筆者のツイートは、およそ6,000万回、「誰か」のタイムラインに表示されたことになる。

タイムラインを流れる現在のカラー写真は、「いま起こっているできごと」というリアルタイム性を備えている。4-1で述べたように、白黒写真は「凍

りついた」印象を与え、意識のなかでタイムラインを「フリーズ」させる。カラー化はその「フリーズ」を解凍し、身の周りの時間の流れ＝"フロー"に合流させるのではないだろうか。

なお、筆者はカラー化写真をシェアする際に、以下のルールを設定している（図25、口絵(3)頁参照）。

1. カラー化写真に「Automatic Image Colorization」の透かし文字を挿入
2. 元写真と参照元をリプライで提示
3. 「ニューラルネットワークによる自動色付け」とツイート本文に記載

カラー化写真に対して、ユーザからは多数のリプライ・引用リツイートがある。このルールは、ユーザからのリプライで得たフィードバックを踏まえ、策定したものである。その他にも、写真への感想、時代考証、撮影地の特定など、カラー化写真が生んだ"フロー"からは、さまざまなコミュニケーションが創発している。

図26(口絵(3)頁参照)、図27、図28に、その一例を示す。図26のツイートにおいて筆者は、「現在」の伏見稲荷の鳥居が赤色であることを踏まえ、AIが木の地肌の色を付けたことについて「機械の限界」と表現している。このツイートは「AIが着彩を間違えた」という前提に立っている。しかしその後、図27、図28のように、それぞれ歴史的・光学的な考察に基づく「妥当な色ではないか」という趣旨のリプライが付いている。実際に、写真家が作成した「着彩写真」を確認すると、自動カラー化写真と同様の色が、当時の鳥居に付けられていることがわかる（図29、口絵(3)頁参照）。

この例は、カラー化写真をソーシャルメディアに共有することによって"フロー"が生成し、コミュニケーションが創発したことを示している。このコミュニケーションを通して、筆者の「鳥居は赤いものである」といった先入観が覆され、むしろそうした先入観を持たないからこそ、学習結果に忠実なAIが「自然な色」を付けられたのではないか、という洞察が得られた。こ

れは、おそらく元写真からは得られなかった知見であろう。

　これらのツイートはアーカイブされるため、カラー化写真とソーシャルメディアによって生成した"フロー"と、そこから創発したコミュニケーションは、「元資料にまつわる記憶」として未来に継承される。さらに、アーカイブされた"フロー"を源流として、新たな"フロー"が生成することもあるだろう。"フロー"が"フロー"を生み、成長しながら未来へと流れていくことになる。こうして「記憶の解凍」が行なわれる。

　本節で説明した「カラー化写真のシェア」は、第2節で説明した「多元的デジタルアーカイブズ」よりも手軽であり、第3節で説明した「記憶のコミュニティ」のような対面のコミュニケーションも必要としない。簡便で、誰にでもできる「記憶の解凍」のための手法といえる。ただし、この手法には、

図27　ユーザによる考証の例-1

図28　ユーザによる考証の例-2

「多元的デジタルアーカイブズ」のような、ばらばらの粒子のように固化していたデータを「結び付ける」はたらきはない。また、ソーシャルメディアでのやり取りでは、「記憶のコミュニティ」における「対面のコミュニケーション」のような、深い気付きは得られにくい。

しかし例えば、この手法を「多元的デジタルアーカイブズ」と「記憶のコミュニティ」に組み込むことによって、記憶を継承する力を強めることはできないだろうか。

4-3 「多元的デジタルアーカイブズ」への組み込み

筆者らは4-2の議論を踏まえ、「ヒロシマ・アーカイブ」に掲載されている写真のうち、パブリックドメイン化されているものについてすべてカラー化し、マウス操作によって元写真と切り替えられるようにした(図30、口絵(4)頁参照)。

この仕組みによって、2-1で述べた「写真資料が「過去への窓」となり、タイムマシンのように機能する」という、「多元的デジタルアーカイブズ」のはたらきがより強化される。今後は、「ヒロシマ・アーカイブ」に掲載された写真を直接ソーシャルメディアにシェアし、ダイレクトに"フロー"を生成する機能を実装する予定である。

4-4 対面のコミュニケーションによる"フロー"の生成

本節でここまでに挙げた事例は、ソーシャルメディアで"フロー"を生成するものである。一方、広島では、白黒写真のカラー化と対面のコミュニケーションによって"フロー"を生成する試みが進行中である。

第3節で取り上げた広島女学院高等学校の生徒たちは、「ヒロシマ・アーカイブ」の証言収録と平行して、戦前の広島の白黒写真をデジタル化し、カラー化する取り組みを進めている。筆者らが2017年11月に開催したワークショップを通して、生徒らはカラー化の技法を習得した。生徒らはその後、自発的に活動を展開し、自動カラー化した写真をもとに、被爆者との対話を重ねている(図31)。さらに2018年6月以降は、対話の内容をもとにした色補正を施し、カラー化の精度を向上させている。

図32(口絵(5)頁参照)に、戦前の広島の家族(濱井德三氏提供)の元写真・カラー化写真を示す。また、このカラー化写真を、生徒らとともに閲覧した濱

井氏のコメントを以下に示す[城戸良彰2017]。(以下引用：下線は筆者)。

図31　カラー化した写真をもとにした被爆者と若者の対話

"今月下旬、浜井さんは同高で、カラー化された写真を受け取った。家族が一堂に会した写真に「本当にきれい。昨日のよう」。かつて広島市内にあった桜の名所・長寿園での花見の場面では、背景の青々とした杉に「杉鉄砲でよう遊んだなあ」とほほ笑んだ。「長寿園までの道に弾薬庫があって幼心に怖かった」と新たな記憶もよみがえった。"

このコメントは、カラー化によって浮かび上がった「青々とした(杉)」という要素から、「杉鉄砲」さらに「弾薬庫」についての"凍って"いた記憶が"溶か"され、甦ったことを示している。この「記憶の解凍」は、生徒たちとの直接の対話により起きたものであることも強調しておきたい。ここでは、白黒写真のカラー化が若者との対面のコミュニケーションを創発し、あらたな記憶に基づく"フロー"が生成されている。

次いで図33(口絵(6)頁参照)に、戦前の広島の家族(高橋久氏提供)の元写真・カラー化写真を示す。図33の2段目は、AIによる自動色付け結果を元の白黒写真に重ね、高解像度化したものである。生徒はこの結果に基づき、植物の図鑑を参照して、写っている花を「シロツメクサ」であると推測し、花畑の黄色味を弱めた(図33：3段目)。この時点のバージョンを、生徒とともに閲覧した高橋氏のコメントを以下に示す[土屋香乃子2018](以下引用：下線は筆者)。

"2年生でリーダーの庭田杏珠(あんじゅ)さん(16)は7月下旬、広島市西区

第10章　記憶の解凍｜渡邉 ─── 263

の高橋久さん(89)を訪ねた。一面に咲く花の中で、両親と祖母、弟と高橋さんの5人がほほ笑む写真。「これはタンポポだった」。記憶をたぐり寄せながら高橋さんが指さした。庭田さんがシロツメクサだと思い込んでいた小さな花だ。"

　このコメントは、カラー化写真の「色彩」と、若者との対面のコミュニケーションが、実際は「タンポポ」であったという、高橋氏の"凍って"いた記憶を"溶か"し、甦らせたことを示している。この高橋氏のコメントをもとに、さらに色補正したものを図33の最下段に示す。

　なお、高橋氏は年齢を重ねるとともに口数が減っており、カラー化された家族写真に自身が写っていることを認識しているのか否かについても、判然としない状態にあった。しかし、生徒・家族とともにカラー化写真を囲む場においては、過去の記憶について、楽しそうに語りはじめた。このことから、カラー化という技術のみでは記憶は解凍されなかったこと、そして親密な対話の場こそが、"フロー"を生成し、高橋氏の記憶を甦らせるために重要な要素であったことがうかがえる。

　このできごとをきっかけとして、高橋氏と生徒は、その後も親交を深めている。このつながりは、新たに生まれていく「記憶のコミュニティ」の礎となるだろう。生徒らは今後も、写真のカラー化と補正を続け、それを元にした被爆者との対話を重ねながら、記憶を継承していく。

　なお、本節で説明したカラー化の取り組みは、被爆者自身が所有していた実物の写真を、生徒たちが非接触スキャンし、デジタルデータ化したものをベースとしている。さらに、デジタルデータ化された白黒写真・カラー化写真は、ウェブアルバムに格納され、利用しやすく体系化されている。従ってこの取り組みを、3-1で説明した「証言収録」の営みと同じく、ボトムアップなつながりを活かして資料を発掘し、デジタルアーカイブ化していく営みとして捉えることもできる。筆者らは、この取り組みで収集された白黒写真・

カラー化写真と、被爆者と若者の対話の内容を、「ヒロシマ・アーカイブ」に収録していく予定である。そこから、4-3で述べたように、新たなオンラインの"フロー"が生成することもあるだろう。

広島ではこのようにして、社会に"ストック"されていた貴重な資料が収集され、アーカイブ化しながら"フロー"化し、人々を繋げながら、未来に向けて流れている。

5　おわりに

本稿では、筆者らの活動の解説を通して、「記憶の解凍」のありようについて述べてきた。これらの事例では、デジタルアーカイブ／社会に"ストック"されていた戦災・災害の資料が"フロー"化され、そこから創発するコミュニケーションが情報の価値を高め、記憶を未来に継承している。

本稿の内容が、今後のデジタルアーカイブの構築と利活用、社会実装のありようについて考える際の参考になれば幸いである。

注
1）　2018年1月6日参照
2）　http://hiroshima.mapping.jp/
3）　http://cesiumjs.org/
4）　http://okinawa.mapping.jp/
5）　http://iwate.mapping.jp/
6）　https://www.flickr.com/photos/adavey/4942085953/in/album-72157604419475847/
7）　http://kure-sensai.net/Kuushuu/KureSigai701/KureSigai701.htm
8）　https://twitter.com/hwtnv/status/938572184083038208
9）　https://twitter.com/hwtnv/status/910045824138174464

参考文献
渡邉英徳：「「記憶の解凍」：資料の"フロー"化とコミュニケーションの創発による記

憶の継承」『立命館平和研究』**19**, 1-12, 2018

湯崎稔:「広島における被爆の実相（核兵器禁止と歴史学——国連軍縮特別総会にむけて〈特集〉）」『歴史評論』**336**, 12-28, 1978

今村文彦, 柴山明寛, 佐藤翔輔:「東日本大震災記録のアーカイブの現状と課題」『情報の科学と技術』**64**(9), 338-342, 2014

ケヴィン・ケリー:『〈インターネット〉の次に来るもの　未来を決める12の法則』; NHK出版, 2016.

マット・リドレー:『進化は万能である　人類・テクノロジー・宇宙の未来』; 早川書房, 2016

Satoshi Iizuka, Edgar Simo-Serra, Hiroshi Ishikawa: "Let there be Color!: Joint End-to-end Learning of Global and Local Image Priors for Automatic Image Colorization with Simultaneous Classification."; ACM Transaction on Graphics（Proc. of SIGGRAPH）**35**(4), 110, 2016

城戸良彰:「被爆前の営み　鮮やか　広島女学院高生　写真カラー化　記憶掘り起こし継承」; 中国新聞, 2017年12月30日

土屋香乃子:「よみがえる被爆者の心の色　AIで写真カラー化→聞き取りで補正　広島の高校生」; 朝日新聞, 2018年8月3日

あとがき

　『デジタルアーカイブベーシックス』も第2巻が刊行されました。複数形で名乗るシリーズ本の体裁が、やっと整ったということでしょうか。

　すでにお読みの方も多いかと思いますが、シリーズ第1巻では法律に関わる理論と実践という、デジタルアーカイブ全般に関わる制度の問題を取り上げました。続く本巻では「災害」という事象を軸に、アーカイブ活動の歴史と実践について第一線で活躍される執筆陣に寄稿いただきました。一つの事象を軸にしてはいますが、単なる事例紹介ということではありません。デジタルアーカイブが担うべき役割とは何か、それを継続可能にするためにはいかなる課題があるのかという点について、「災害」以外を扱う場合であっても大いに参考すべき議論がなされた一冊となっています。

　本巻記載の原稿が執筆された2018年は、様々な災害が立て続けに日本列島を襲った年であったと言ってよいでしょう。6月には大阪北部を地震が襲い、交通網を始めとする都市機能が大きく損なわれる事態に直面しました。さらに7月に西日本豪雨による土砂災害、河川の氾濫など大きな被害がもたらされています。9月には台風21号によって関西国際空港が機能を停止、連絡橋への衝突被害によって空港が孤立する事態に陥りました。そのすぐ後には北海道胆振東部地震が発生し、国内で初めてとされる管内全域停電、いわゆる「ブラックアウト」も発生しています。災害アーカイブもその力を十二分に発揮して困難な状況を打開する、または災害情報を未来へ残すことがより強く求められる状況になっています。

その一方で、本巻において何名かの執筆者が指摘していますが、災害からの復興が進み、非常事態から日常へと社会情勢が移ってくるに連れて、災害アーカイブを充実させて活用する社会全体のモチベーションは低下していく可能性があります。その結果、アーカイブの維持そのものが難しくなる状況も想定されますし、「災害記録を未来に活かす」ことが阻まれることにもなりえます。そして、こうしたトレンドの変化は、あらゆるデジタルアーカイブに共通する問題でもあります。この問題の解決手段は、各執筆者が頭を悩ませ、また強い想いとともに論考に記しているので、ぜひ各論考を熟読いただければと思います。

　最後になりますが、執筆に関わっていただいたすべての皆様に感謝申し上げます。編集委員の皆様、勉誠出版の吉田祐輔様と坂田亮様には、それぞれの専門性を活かした細かな点検を加えていただきました。なによりも、執筆を依頼した後に災害が立て続けに起き、その調査やアーカイブ化に全力を尽くされている中で、強い情熱を持って論考を書いていただいた執筆者の皆様に、心より御礼申し上げます。ありがとうございました。

　続く第3巻以降も、デジタルアーカイブの未来を拓く議論が進められるはずです。本巻に記載されている一つ一つのデジタルアーカイブが、このあと数年経った後にどのような姿に進化し、またどのように継承されていくのかを想像し、未来に活かされる姿を期待しつつ、あとがきとさせていただきます。

　　2019年6月

　　　　　　　　　　　　　　　　　　　　　　編集委員会を代表して
　　　　　　　　　　　　　　　　　　　　　　第2巻編集責任者

　　　　　　　　　　　　　　　　　　　　　　鈴 木 親 彦

執筆者一覧

監　修

今村文彦(いまむら・ふみひこ)

1961年生まれ。東北大学 災害科学国際研究所教授・所長。

専門は津波工学と災害科学。

著書に『津波の事典』(共著、朝倉書店、2007年)、『東日本大震災を分析する1　地震・津波のメカニズムと被害の実態』、『東日本大震災を分析する2　震災と人間・まち記録』(共編著、明石書店、2013年)、論文に "The role of tsunami engineering in building resilient communities and issues to be improved after the GEJE," *The 2011 Japan Earthquake and Tsunami : Reconstruction and Restoration*, Advances in Natural and Technological Hazards Research, 2018などがある。

責任編集

鈴木親彦(すずき・ちかひこ)

1980年生まれ。ROIS-DS人文学オープンデータ共同利用センター特任研究員。

専門は人文情報学・文化資源学・出版学。

論文に「デジタルアーカイブを横断した画像活用による研究実践：IIIFとIIIF Curation Platformを軸に」(『デジタルアーカイブ学会誌』、2019年)、「顔貌コレクション(顔コレ)――精読と遠読を併用した美術史の様式研究に向けて」(『人文科学とコンピュータシンポジウムじんもんこん2018』、2018年)などがある。

執筆者（掲載順）

柴山明寛（しばやま・あきひろ）

1976年生まれ。東北大学 災害科学国際研究所 災害アーカイブ研究分野准教授。専門は災害情報学，地震工学，建築工学。

論文に「東日本大震災の事例から見えてくる震災アーカイブの現状と課題」（『デジタルアーカイブ学会誌』2(3)、2018年）、"The roles of archiving in earthquake studies : the case of the great east Japan earthquake," *The 16th World Conference on Earthquake Engineering* (*Paper*) 1639, 2017などがある。

宮本聖二（みやもと・せいじ）

1958年生まれ。立教大学大学院教授、Yahoo!ニュースプロデューサー。専門はメディア論、デジタルアーカイブ論など。

著書に『権利処理と法の実務』（デジタルアーカイブ・ベーシックス1、共著、勉誠出版、2019年）などがある。

伊東敦子（いとう・あつこ）

1969年生まれ。国立国会図書館利用者サービス部人文課長。

論文に「国立国会図書館東日本大震災アーカイブ（ひなぎく）――東日本大震災の記録を一元的に検索するポータルサイト」（『デジタルアーカイブ学会誌』2(4)、デジタルアーカイブ学会、2018年）などがある。

前田紘志（まえだ・ひろし）

1988年生まれ。国立国会図書館電子情報部電子情報流通課。

Flavia Fulco(フラヴィア・フルコ)

1976年生まれ。東北大学 災害科学国際研究所 人間・社会対応研究部門助教。

専門は人文学と文化人類学。

著書に "Memory at the crossroads between autobiography and fiction. The case of Brazilian Nikkei's women narratives," in *Rivista di Studi Portoghesi e Brasiliani*, (Fabrizio Serra Editore, 2016), 論文に "Cyber-physical disaster drill: preliminary results and social challenges of the first attempts to unify Human, ICT and AI in disaster response" (With M. Inoguchi and T. Mikami), *IEEE Big Data Conference 2018 Proceedings*, 2018 などがある。

Robin O'Day(ロビン・オデイ)

1976年生まれ。ノースジョージア大学助教授。

専門は文化人類学。

論文に "Mass media representations of youth social movements in Japan'" (With D. Slater and S. Uno), in D. Chiavacchi and J. Obinger eds., *Social Movements and Political Activism in Contemporary Japan: Re-emerging from Invisibility* (Routledge, 2018), "Student protests return to Tokyo," *Anthropology News*, **57** (1-2), 2016, "Differentiating SEALDs from freeters and precariats: The politics of youth movements in contemporary Japan," *The Asia-Pacific Journal*, **13**(2), Issue 37, 2015 などがある。

David H. Slater（デビッド・スレイター）
1960年生まれ。上智大学教授。
専門は文化人類学。
論文に "Social media, popular media, political media"（With L. Kindstrand and K. Nishimura）, in K. Iwabuchi, C. Berry, E. Tsai eds., *Routledge Handbook for East Asian Pop Culture*（Routledge, 2016）, "SEALDs（Students' Emergency Action for Liberal Democracy）: Research note on contemporary youth politics in Japan,"（With R. O'Day, S. Uno, L. Kindstrand and C. Takano）, *The Asia-Pacific Journal*, **13**(1), Issue 37, 2015 などがある。

鹿糠敏和（かぬか・としかず）
1979年生まれ。岩手日報社編集局報道部次長。
著書に『特別報道写真集 平成の三陸大津波』、『明日への一歩──大津波復興の証言』、『てんでんこ未来へ──あの日を忘れない』（いずれも共著、岩手日報社）などがある。

橋本雄太（はしもと・ゆうた）
1984年生まれ。国立歴史民俗博物館 テニュアトラック助教。
専門は人文情報学。
著書に『歴史情報学の教科書』（共編、文学通信、2019年）、A survey of digital approaches to the large-scale transcription of pre-modern Japanese documents, in *Integrated Studies of Cultural Research Resources*（Michigan University Press, 2019）などがある。

北本 朝展(きたもと・あさのぶ)

1969年生まれ。ROIS-DS 人文学オープンデータ共同利用センター センター長、国立情報学研究所 コンテンツ科学研究系准教授。

専門は情報学。

論文に「画像データの分析から 歴史を探る ── 「武鑑全集」における「差読」の可能性」(『歴史情報学の教科書』、文学通信、2019年)、「文字データの分析 ── 機械学習によるくずし字認識の可能性とそのインパクト」(共同執筆、『電子情報通信学会誌』102(6)、2019年)「IIIF Curation Platform：利用者主導の画像共有を支援するオープンな次世代IIIF基盤」(共同執筆、『人文科学とコンピュータシンポジウム じんもんこん2018』、2018年)などがある。

西山昭仁(にしやま・あきひと)

1971年福井県生まれ。東京大学地震研究所・同大学地震火山史料連携研究機構助教。

専門は日本近世災害史、歴史地震研究。

著書に『京都の歴史災害』(共著、思文閣出版、2012年)、『日本列島地震の2000年史』(共著、朝日新聞出版、2013年)、論文に「近世史料に記された地震と地震災害」(『新しい歴史学のために』284、京都民科歴史部会、2014年)、「歴史地震研究の現状と展望」(『活断層研究』49、日本活断層学会、2018年)などがある。

三浦伸也（みうら・しんや）

1961年佐賀県生まれ。国立研究開発法人防災科学技術研究所。

専門は社会情報学、災害情報学、自然災害リスク論。

論文に「ICTの社会への浸透と地域との齟齬」（『デジタル・スタディーズ3 メディア都市』、東京大学出版会、2015年）、"ARCHIVES : Archives of the great eastern Japan earthquake and the future of Japan" in D. Naito, R. Sayre, H. Swanson, S. Takahashi eds., *To See Once More the Stars, Living in a Post-Fukushima World* (New Pacific Press), 2014,「311情報学の試み──ニュース報道のデータ分析から」『311情報学──メディアは何をどう伝えたか』（岩波書店、2012年）などがある。

鈴木比奈子（すずき・ひなこ）

1986年神奈川県生まれ。国立研究開発法人防災科学技術研究所。

専門は地理学、歴史災害調査。

論文に「文献と地理情報による過去の災害状況の傾向分析──那須岳周辺の雪崩災害を例に」（『寒地技術論文報告』33、2017年）、「災害事例データベースを活用した伊豆大島の過去の災害履歴──1684年～1997年の風水害、斜面災害事例」（『防災科学技術研究所主要災害調査』50、2016年）などがある。

渡邉英徳（わたなべ・ひでのり）

1974年生まれ。東京大学大学院情報学環教授。

専門は情報デザイン・デジタルアーカイブ。

著書に『データに紡いで社会につなぐ──デジタルアーカイブのつくり方』（講談社、2013年）などがある。

監修

今村 文彦(いまむら・ふみひこ)

1961年生まれ。東北大学 災害科学国際研究所教授・所長。
専門は津波工学と災害科学。
著書に『津波の事典』(共著、朝倉書店、2007年)、『東日本大震災
を分析する1 地震・津波のメカニズムと被害の実態』、『東日本
大震災を分析する2 震災と人間・まち記録』(共編著、明石書店、
2013年)、論文に"The role of tsunami engineering in building resilient
communities and issues to be improved after the GEJE," *The 2011 Japan
Earthquake and Tsunami : Reconstruction and Restoration*, Advances in
Natural and Technological Hazards Research, 2018などがある。

責任編集

鈴木 親彦(すずき・ちかひこ)

1980年生まれ。ROIS-DS人文学オープンデータ共同利用センター
特任研究員。
専門は人文情報学・文化資源学・出版学。
論文に「デジタルアーカイブを横断した画像活用による研究実
践：IIIFとIIIF Curation Platformを軸に」(『デジタルアーカイブ
学会誌』、2019年)、「顔貌コレクション(顔コレ) ——精読と遠
読を併用した美術史の様式研究に向けて」(『人文科学とコン
ピュータシンポジウムじんもんこん2018』、2018年) などがある。

デジタルアーカイブ・ベーシックス2

災害記録を未来に活かす

2019年8月15日 初版発行

監　　修　今村文彦
責任編集　鈴木親彦
発 行 者　池嶋洋次
発 行 所　勉誠出版株式会社
　　　　　　〒101-0051　東京都千代田区神田神保町3-10-2
　　　　　　TEL：(03)5215-9021(代)　FAX：(03)5215-9025

印　刷　中央精版印刷
製　本

ISBN978-4-585-20282-0　C1000

入門　デジタルアーカイブ
まなぶ・つくる・つかう

デジタルアーカイブの設計から構築、公開・運用までの全工程・過程を網羅的に説明する、これまでにない実践的テキスト。これを読めば誰でもデジタルアーカイブを造れる！

柳与志夫 責任編集
本体 2,500 円（＋税）

デジタルアーカイブ・ベーシックス 1
権利処理と法の実務

著作権、肖像権・プライバシー権、所有権…デジタルアーカイブをめぐる「壁」にどのように対処すべきか。アーカイブ活動を円滑に行うための俯瞰図とガイドラインを示すはじめての書。

福井健策 監修／数藤雅彦 責任編集
本体 2,500 円（＋税）

デジタル人文学のすすめ

デジタル技術により開かれつつある世界の可能性。妖怪データベース、電子図書館やe国宝など、「デジタル人文学」の環境を捉え直し、人文学の未来を考える。

楊暁捷・小松和彦・荒木浩 編
本体 2,500 円（＋税）

これからのアーキビスト
デジタル時代の人材育成入門

社会制度としてのアーカイブづくりに貢献できる人材のあり方を探る。MLA連携や文化資源の組織化などを担える、デジタル化を前提とする将来的なアーキビストのあり方を論じる。

NPO知的資源イニシアティブ 編
本体 2,500 円（＋税）

わかる！
図書館情報学シリーズ4
学校図書館への研究アプローチ

近年の動きとともに多様化する学校図書館のありかた。司書教諭や学校司書など実務者まで含めた執筆陣が、個別具体的な研究の最前線を紹介する。

日本図書館情報学会研究委員会 編
本体 1,800 円（＋税）

わかる！
図書館情報学シリーズ5
公共図書館運営の新たな動向

多様な立場からなる図書館組織、住民との「協働」、個人情報の扱い方、利用の変化からみた「建築」のあり方や老朽化など、公共図書館が今後直面する問題を共有し、考えるための一冊。

日本図書館情報学会研究委員会 編
本体 1,800 円（＋税）

わかる！
図書館情報学シリーズ2
情報の評価とコレクション形成

データの海を泳ぐために、図書館情報学が導き出す理論。情報化社会を生きる現代人に必須の「評価基準」とは何か。理論から実践・実例までを備えた、基礎的テキストの決定版。

日本図書館情報学会研究委員会 編
本体 1,800 円（＋税）

わかる！
図書館情報学シリーズ3
メタデータとウェブサービス

メタデータによる書誌的記録管理や国際規格の現在を探り、検索エンジンやクラウド・コンピューティングの可能性を探る。Europeana、CiNii、Google、Amazon…その基盤と展開。

日本図書館情報学会研究委員会 編
本体 1,800 円（＋税）

ライブラリーぶっくす
世界の
図書館から
アジア研究のための
図書館・公文書館ガイド

膨大な蔵書や、貴重なコレクションを有する代表的な45館を世界各地から精選・紹介。現地での利用体験に基づいた、待望の活用マニュアル！

U-PARL 編
本体 2,400 円（＋税）

わかる！
図書館情報学シリーズ 1
電子書籍と
電子ジャーナル

「電子書籍」や「電子ジャーナル」など、図書館の枠組みに大きく影響を与える新メディア。その基礎的な技術からメリット・デメリット、図書館における利活用まで丁寧に解説する。

日本図書館情報学会研究委員会 編
本体 1,800 円（＋税）

ライブラリーぶっくす
司書のお仕事
お探しの本は何ですか？

司書課程で勉強したいと思っている高校生、大学生、社会人や、司書という仕事に興味を持っている方に向けて、司書の仕事をストーリー形式でわかりやすく伝える 1 冊。

大橋崇行 著／小曽川真貴 監修
本体 1,800 円（＋税）

ライブラリーぶっくす
図書館の
日本史

図書館はどのように誕生したのか？　歴史上の人物たちはどのように本を楽しんだのか？　寄贈・貸出・閲覧はいつから行われていたのか？　通史的に日本の図書館の歴史をやさしく読み解く、はじめての概説書！

新藤透 著
本体 3,600 円（＋税）

ポストデジタル時代の公共図書館

電子書籍市場の実態や米国図書館、日本の大学図書館との比較を通して、ポストデジタル時代に対応する公共図書館の未来像を活写する。

植村八潮・柳与志夫 編
本体 2,000 円（＋税）

トップランナーの図書館活用術
才能を引き出した情報空間

各界のトップランナーたちはいかに図書館で鍛えられたか。彼らの情報行動を丹念に辿り、未来への展望を探る。全く新しい図書館論、読書論、情報活用論。

岡部晋典 編
本体 2,000 円（＋税）

日本の文化財
守り、伝えていくための理念と実践

文化財はいかなる理念と思いのなかで残されてきたのか、また、その実践はいかなるものであったのか。長年、文化財行政の最前線にあった著者の知見から、文化国家における文化財保護のあるべき姿を示す。

池田寿 著
本体 3,200 円（＋税）

ライブラリーぶっくす
図書館員をめざす人へ

憧れているだけでは分からない。司書・司書教諭になりたい人、必見！　図書館で働きたい方に向けた、基礎知識から実践までのガイド。図書館員になるためのガイドブック＆インタビュー集の決定版！

後藤敏行 著
本体 2,000 円（＋税）

災害に学ぶ
文化資源の保全と再生

人間文化研究は、災害に対して、地域に対して何ができるのか。歴史学・民俗学・言語学・アーカイブズ学などの諸分野が結集し、文化資源保全と地域文化復興の方途を探る。

木部暢子 編
本体 3,200 円（＋税）

地域と人びとをささえる資料
古文書からプランクトンまで

地域社会を形成する紐帯としての資料のあり方に着目。地域資料の保存・保全、活用の現場での経験から、地域と人びと、資料と社会との関係の未来像を探る。

神奈川地域資料保全
ネットワーク 編
本体 3,500 円（＋税）

ケンブリッジ大学図書館と近代日本研究の歩み
国学から日本学へ

ケンブリッジ大学図書館が所蔵する膨大な日本語コレクション。国学から始まる日本研究の歩みが残されている、明治時代の数々の貴重書から、同時代の西洋人たちによる学問発展の過程を辿る。

小山騰 著
本体 3,200 円（＋税）

戦争と図書館
英国近代日本語コレクションの歴史

敵国語としての日本語教育や敵国財産として接収された日本語書籍などの遺産によって支えられたその発展を、戦争とのかかわりから読み解く。

小山騰 著
本体 3,800 円（＋税）